Tanja Breukelchen

Zu Fuß durch die Hansestadt HAMBURG

12 Spaziergänge

Droste Verlag

AUS DEM INHALT

Zu Fuß durch die Hansestadt HAMBURG

VORWORT

Mit nur **halbem** Herzen war ich angekommen, als ich vor mehr als 20 Jahren nach Hamburg zog. Vielleicht führte einen der Weg ja doch wieder zurück in die alte Heimat. Dahin, wo alles so vertraut und sicher ist. Dann ein Beruf, der mich trägt. Menschen, die mir immer wichtiger werden. Freunde, die mir ans Herz wachsen. Irgendwann die große Liebe. Und mit ihr die eigene kleine Familie. Hamburg – als Heimat. Irgendwann stand das für mich fest. Und doch fehlte etwas. Bewusst wurde mir das erst, als ich für den Droste Verlag das Buch „Hamburgs starke Frauen" schrieb und bei den Recherchen geradezu eintauchte in die Geschichte der Stadt. Und in ihre vielen kleinen und großen Geschichten. In ihre Menschen. In ihre Orte. In alles das, was sie ausmacht.

Nun mit „Zu Fuß durch die Hansestadt" noch mehr Hamburg zu entdecken und dabei für mich und andere die Stadt zu erlaufen, war da nur konsequent. Der Plan: Zwölf Stadtspaziergänge sollen die Hansestadt mit möglichst vielen ihrer Facetten zeigen. Geschrieben wie kleine Reportagen. Lange und kurze Wege, die man sich entweder aktiv erlaufen oder eben auch gemütlich auf dem Sofa erlesen kann. Jeder Spaziergang mit einem thematischen Schwerpunkt. Vom Bummel durch die Geschichte in der Hamburger Innenstadt bis zur Waldwanderung in Ohlstedt. Vom Spaziergang durch Eppendorf auf den Spuren der Landhauskultur bis zum Weg durch Blankenese an die Orte starker Frauen.

Die Spaziergänge sind so konzipiert, dass sie immer von einem U- oder S-Bahnhof aus starten und dort als Rundweg auch wieder enden. Ihre Dauer ist unterschiedlich und bei Orten mit viel Natur bewusst länger, während Stadtspaziergänge, an denen es zum Beispiel Museen oder andere Orte zum Besichtigen gibt, eher kurz sind, damit noch Zeit zum eigenen Entdecken bleibt. Zu jedem Spaziergang gibt es natürlich Tipps zu Cafés und Restaurants oder weiterführende Infos.

Kommen Sie mit! Tauchen Sie ein in Hamburg. In seine bekannten und weniger bekannten Viertel. In Geschichten von Menschen und Orten. Vielleicht geht es Ihnen dann ja ein bisschen so wie mir. Sie lernen die Stadt noch einmal ganz neu kennen. Verstehen sie besser. Und irgendwann kommen Sie an – mit ganzem Herzen.

Tanja
Breukelchen

Danke

Vielen Dank an Rieke, die jeden einzelnen Spaziergang mitgelaufen ist und immer wieder Neues entdeckt hat, an Andor, der als Erster alle Ideen gehört und alle Texte gelesen hat, und an den Fotografen Moritz Marzi: Als ich drei Tage vor Abgabe des Buches unerwartet in Corona-Quarantäne kam, zog er los und fotografierte „Zu Fuß durch die Hansestadt" für mich zu Ende. Das ist auch der Grund, warum der Spaziergang 1 (Innenstadt) und viele Bilder der Spaziergänge 2 (Hafen und Speicherstadt), 6 (Hafencity) und 7 (Elbufer) besonders schön geworden sind.

1 INNENSTADT

Start/Ziel: U-Bahn-Station Rathaus, 20095 Hamburg (GPS: 53.550508, 9.994692)
Länge: ca. 5 Kilometer
Dauer: ca. 1,5 Stunden
ÖPNV: Haltestelle Rathaus, U-Bahn-Linie U3
Parken: diverse Parkhäuser, z. B. Cityparkhaus, Gertrudenstraße 2, 20095 Hamburg

Unterwegs entdeckt:

1 Bischofsturm
2 Domplatz
3 St. Petri Kirche
4 Rathaus
5 Alsterarkaden
6 Jungfernstieg
7 Colonnaden
8 Gänsemarkt
9 Gängeviertel
10 Alte Post

Essen + Trinken:

Am Jungfernstieg geht es im **Alsterpavillon,** Jungfernstieg 54, 20354 Hamburg, Tel. 040 3 50 18 70 (www.dein-alex.de/hamburg), heute eher touristisch zu, gut ist es trotzdem und ein Café an dieser Stelle hat seit 1799 Tradition.
Einzigartig, wenn auch nicht ganz günstig, ist der Königin Victoria Afternoon Tea in der legendären Wohnhalle des **Hotels Vier Jahreszeiten,** Neuer Jungfernstieg 9–14, 20354 Hamburg, Tel. 040 3 49 40 (https://hvj.de/de/). Im Grandhotel an der Binnenalster wird der Tee mit Scones, Clotted Cream und Sandwiches jeden Tag zwischen 14.00 Uhr und 18.00 Uhr serviert.

Ein Bad in Geschichte(n)

Ein bisschen ist es, als würde man auf diesem Weg an ihr entlanglaufen: an der Geschichte der Hansestadt. Vorbei an alten Gemäuern, genialen Geistern, an Glück, Macht und Bürgerstolz. Aber auch an Leid, Pest und Feuersbrünsten. Und irgendwann hat man das Gefühl, dass man sie ein bisschen besser versteht, diese Stadt mit dem vielen Wasser, den Brücken und dem pastellfarbigen Licht, die immer wieder aufgestanden ist. Stolz und hanseatisch.

Eintauchen wollen wir in diese Geschichte, möglichst chronologisch. Und das kann man am besten, wenn man den **U-Bahnhof Rathaus** zum Ausgang **Petrikirche/Bergstraße/Speersort** verlässt, ein paar Schritte die **Mönckebergstraße** hinaufgeht und rechts in die **Kreuslerstraße** einbiegt und im Haus mit der Nummer 4 – ja: untertaucht. Denn dort, beim Traditionsbäcker „Dat Backhus", kann man zwischen Kaffee, Kuchen und herrlich zuckrig-klebrigen Franzbrötchen den **Bischofsturm** 1 besichtigen: ein ringförmiges Fundament aus dem 12. Jahrhundert, das bei Ausgrabungsarbeiten in den 1960er-Jahren entdeckt wurde und einst offenbar Teil eines Stadttores war.

Ganz nah ist man da den Anfängen der Stadt, die wohl um 817 n. Chr. aus der nahe der Alster errichteten **Hammaburg** entstand. Eine Festung, die nicht das war, was wir uns heute unter einer Burg vorstellen. Außerhalb des sie umgebenden rund sechs Meter hohen und bis zu 15 Meter breiten Walls hatten sich im Westen Handwerker, Fischer und Kaufleute niedergelassen, wohl rund 200 Menschen. Das Bistum wurde dann vermutlich 831 von Kaiser Ludwig dem Frommen, einem Sohn Karls des Großen, gegründet, der es kurze Zeit später zum Erzbistum erhob und den Benediktinermönch und Missionar Ansgar zum Erzbischof machte. Womöglich ließ dieser, der als „Apostel des Nordens" in die Geschichte einging, eine erste hölzerne Marienkirche in der Hammaburg – die übrigens 845 bei einem Überfall der Wikinger zerstört wurde – errichten.

Wir verabschieden uns von Kaffee und Franzbrötchen und gehen hinauf, um zu entdecken, wo genau die Hammaburg stand. Dazu überqueren wir die Straße **Speersort,** wo rechts neben dem Pressehaus der „Zeit" der **Domplatz** **2** liegt. Etwa dort soll sie gestanden haben, die Hammaburg. Weiße, im Dunkeln leuchtende Sitzbänke stellen den Grundriss des Hauptschiffs des ab 1245 in frühgotischem Stil errichteten **Mariendoms** dar und stehen da, wo einst die Säulen standen. Ein Wall aus Stahlblech verweist auf die Kontur des früheren Wallrings. Einmal den Domplatz umrunden und sich vorstellen, wie klein diese erste Siedlung war. Danach gehen wir wieder zurück und zur **St. Petri Kirche** **3** hinüber. Von den fünf Hamburger Hauptkirchen – St. Petri, St. Nikolai, St. Katharinen, St. Jacobi und St. Michaelis – ist sie die älteste. Ihr erster Bau soll angeblich schon 811 unter Karl dem Großen als Taufkirche errichtet worden sein. Zum ersten Mal wird die nach dem Apostel Petrus benannte Kirche im Jahr 1195 als Marktkirche erwähnt, die zu einer westlich der Hammaburg gelegenen Händler- und Handwerkersiedlung gehörte. Um 1310/20 entstand ein prächtiger Neubau: eine dreischiffige gotische Hallenkirche. Ihr linker bronzener Türgriff mit Löwenkopf am Hauptportal gilt als das älteste Kunstwerk Hamburgs und zeugt von der Grundsteinlegung des Turms im Jahre 1342. Die Backsteinhalle wurde 1418 noch um ein zweites Seitenschiff erweitert. Und sogar

St. Petri Kirche

Der Turm der St. Petri Kirche ist jeden Tag zwischen 11 Uhr (sonntags 11.30 Uhr) und 17 Uhr geöffnet.

Pferde fanden darin Anfang des 19. Jahrhunderts Platz, als während der dramatischen Jahre der französischen Besetzung zur Zeit der Napoleonischen Kriege die Kirche zeitweilig als Stall genutzt wurde.

Beim Großen Brand, der in der Nacht auf den 5. Mai 1842 in der Deichstraße am Nikolaifleet ausgebrochen war und große Teile der Stadt zerstörte, wurde auch die Kirche völlig niedergebrannt, die meisten Kunstwerke konnten jedoch gerettet werden. Zwischen 1844 und 1849 wurde St. Petri unter Federführung der Architekten Alexis de Chateanneuf und Hermann Peter Fersenfeldt nahe am mittelalterlichen Original wieder aufgebaut. Wer sich fit genug fühlt und Lust auf einen gigantischen Blick über Hamburg hat, kann übrigens

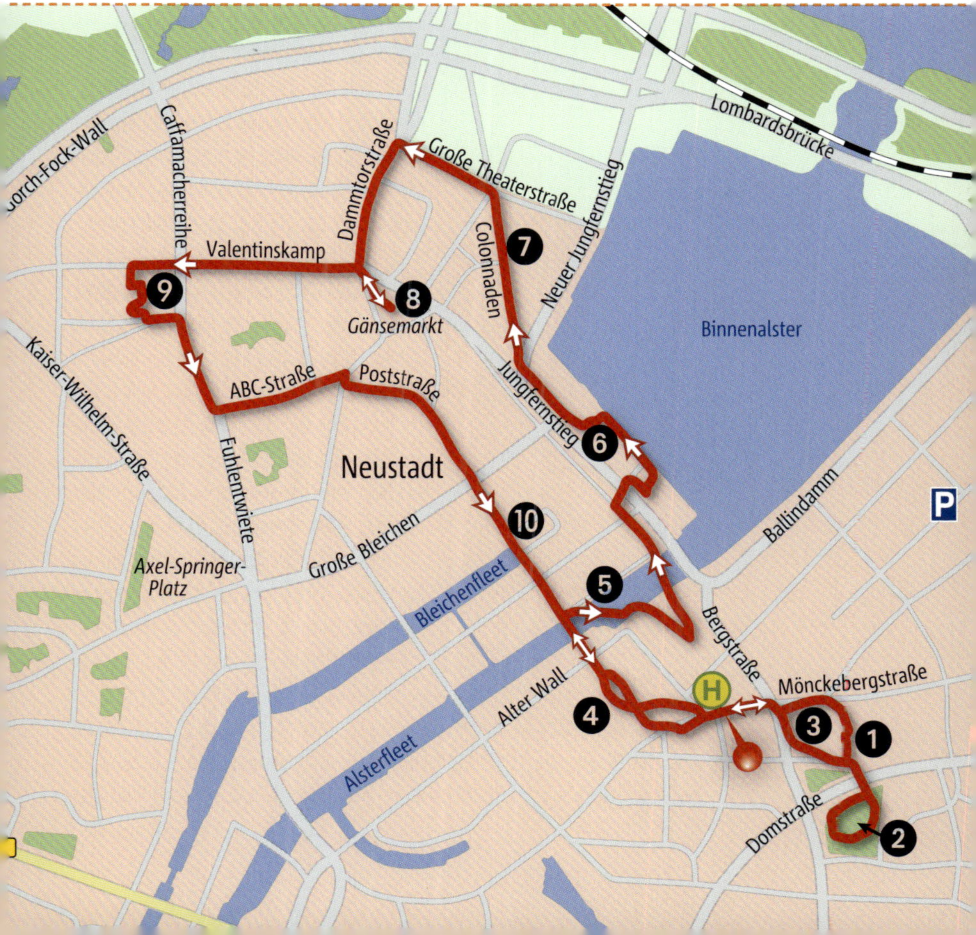

den Turm der Kirche hinaufsteigen. Oben auf dem Petri-Turm kann man dann aus 123 Meter Höhe Hamburg von oben genießen.

Über die quirlige **Mönckebergstraße** geht es jetzt auf das prachtvolle **Hamburger Rathaus** 4 zu. Majestätisch steht es da. Gebaut auf rund 3800 Kiefernpfählen auf sumpfigen Untergrund. Ein Kunstwerk aus Sandstein und Granit. Symbol einer Stadt, die seit dem 13. Jahrhundert von ihren Bürgern selbst verwaltet wurde, auch wenn das natürlich alles andere als Demokratie, sondern eine Herrschaft der Eliten war: Auch wenn Rat und Bürgerschaft seit 1712 die staatliche Herrschaft ausübten, waren es bis weit ins 19. Jahrhundert hinein nicht einmal vier Prozent der Gesamtbevölkerung, die sie wählten, nämlich die Steuern zahlenden männlichen Bürger. Und so ist dieses Rathaus mit seinem türkis leuchtenden Dach, den Türmchen und Ornamenten auch ein Spiegel von Macht, Stolz und Hamburger Geschichte. Mit 647 Räumen und insgesamt drei Baustilen – Gotik, Renaissance und Barock – wurde es zwischen 1886 und 1897 vom Rathausbaumeisterbund aus neun Architekten unter der Leitung von Martin Haller erbaut. Auf der symbolbeladenen Fassade kann man in den Giebeln der Fenster Wappen anderer Hansestädte erkennen. Zwischen den Fenstern des Hauptgeschosses thronen die Figuren einiger Kaiser. Karl der Große ist der über dem Eingang, denn er steht für die Hammaburg und damit für die Anfänge der Stadt. Schaut man hinauf in die Giebel des ersten Stocks,

Hamburger Rathaus

Hygieia-Brunnen

kann man Darstellungen bürgerlicher Berufe erkennen. Und über dem Balkon des großen Turms stehen ein Mosaik von Hamburgs Schutzpatronin Hammonia und ein lateinischer Spruch, der übersetzt heißt: „Die Freiheit, die schwer errungen die Alten, möge die Nachwelt würdig erhalten."

Der Eingangsbereich steht den Besuchern offen. Übrigens: Ein Rathaus hatte Hamburg schon im 13. Jahrhundert, und zwar neben der Trostbrücke, also weiter zur Elbe hin. In der Nacht auf den 6. Mai 1842 war es allerdings gesprengt worden – in der vergeblichen Hoffnung, den Großen Brand stoppen zu können. Und so, wie damals dieses Ur-Rathaus die Hamburger Bank beherbergte, ist es beim neuen Rathaus die Börse, die über Seitenflügel mit dem Rathaus verbunden ist. Diese Verbindung von Politik und Wirtschaft führte schon früh zu einem „Feierabendparlament", damit die, die vormittags in der Börse zu tun hatten, am Nachmittag auch die Sitzungen des Parlaments besuchen konnten. Im Innenhof fällt der mächtige **Hygieia-Brunnen** auf. Die Göttin Hygieia als Symbol der Sauberkeit zertritt darauf einen kleinen Drachen, der für die Cholera steht. Die Krankheit hatte während des

Rathaus-Fassade

LIBERTATEM QUAM PEPERERE
MAIORES DIGNE STUDEAT
SERVARE POSTERITAS

Baus des Rathauses im Sommer 1892 in der Stadt gewütet und fast 8600 Menschen das Leben gekostet. Der Grund für die rasche Ausbreitung war damals die sehr schlechte Trinkwasserqualität der Stadt.

Wir laufen weiter über den **Rathausmarkt,** vorbei am **Bucerius Kunst Forum** auf die Kleine Alster und die **Alsterarkaden** **5** zu. Die riesige Stele rechts an der Viertelkreistreppe ist ein ursprünglich 1931 errichtetes Denkmal für die im Ersten Weltkrieg gefallenen Hamburger. Ernst Barlach schuf das Relief zur Wasserseite hin: Eine starr und versteinert ins Nichts starrende Frau hält ein Kind im Arm. Den Nationalsozialisten war dieses Bild nicht kriegerisch genug. Auch verhöhnte es ihrer Ansicht nach das Bild der deutschen Mutter. So wurde das ursprüngliche Bild zerstört und erst 1949 rekonstruiert und neu errichtet.

Die **Alsterarkaden** gleich gegenüber erinnern mit ihrer Eleganz und Leichtigkeit an Venedig. Schneeweiße Bogen-

Alsterarkaden

gänge im Sonnenlicht. Häufig spielen an ihren Eingängen Straßenmusikanten. Und im Sommer flanieren nicht nur Touristen an den teuren Läden entlang, sondern sitzen entspannt mit Kaffee oder Cocktails in der Sonne. Die Bogengänge hat Alexis de Chateauneuf nach dem Großen Brand entworfen. Sie schmiegen sich entlang der Kleinen Alster, die genau zwischen Rathaus und Jungfernstieg liegt und von der Rathausschleuse begrenzt ist, von der aus es weiter zur Elbe gehen würde.

Jungfernstieg

Durch die Arkaden hindurch schlendern wir nun auf den **Jungfernstieg** 6 zu – und reisen dabei wieder ein paar Jahre rückwärts in der Geschichte. Denn dort, wo sich heute Konsumtempel, Taxen und Touristen befinden, wurde um 1235 die Alster gestaut, um eine Kornmühle zu betreiben. So entstand der Reesendamm, der 1665 durch die Pflanzung kleiner Bäume zu einer hübschen Flaniermeile wurde. Ein Ort, an dem die jungen Bürgerstöchter flanierten und nicht selten passende Heiratskandidaten kennenlernten. Und so wurde aus dem Reesendamm Mitte des 17. Jahrhunderts der Jungfernstieg, der 1835 – als erste Straße in Deutschland – asphaltiert wurde. Und genau dort laufen nun auch wir jetzt entlang. Schauen auf die blau schimmernde Alster, in deren Mitte die Alster-Fontäne bis zu 60 Meter in die Höhe schießt. Oder in der Adventszeit ein hell erleuchteter Weihnachtsbaum steht. In der Ferne sehen wir die **Lombardsbrücke** und die **Kennedybrücke.** Dort, wo die

Colonnaden

Alster in Binnen- und Außenalster geteilt wurde, als im 17. Jahrhundert die nicht einnehmbare Festungsanlage gebaut wurde, die Hamburg umgab. An die zehn Meter hohe Erdwälle und 21 sternförmig angelegte Bastionen, ursprünglich als Schutz gegen Dänemark gebaut, das gleich nebenan in Altona begann. Nur über sechs Stadttore konnte man die Stadt verlassen: Millerntor, Dammtor, Steintor, Deichtor, Brooktor und Sandtor. Wenn am Abend die Glocke mahnte, die Arbeit zu beenden, wurden die Tore geschlossen und die Menschen gingen in ihre Häuser. Die Armen in Buden im düsteren, engen Gängeviertel. Die Mittelschicht in Wohnhäuser, zumeist aus Fachwerk gebaut. Und die Kaufleute samt Dienerschaft in schmucke Kaufmannshäuser mit prachtvoll geschwungenen Giebeln. Erst als die Torsperre 1860/61 fiel, wurde die einstige Festung mehr und mehr zu einer Parkanlage umgestaltet.

Wir überqueren am anderen Ende des Jungfernstiegs die Straße **Neuer Jungfernstieg** und biegen genau zwischen der Straße Gänsemarkt und dem eleganten Hotel „Vier Jahreszeiten" in die **Colonnaden 7** ein. Eine Straße, die 1876/77 als diagonale Verbindung zwischen Jungfernstieg und Dammtor gebaut wurde und deren beeindruckende Gründerzeithäuser – die Wohnungen in den oberen Etagen, kleine Läden im Erdgeschoss – bis 1879 entstanden. Die Fassaden im Stile der Neorenaissance repräsentieren den damals wachsenden Wohlstand der Bürger. Wir bummeln diese besondere Straße hinauf, fühlen uns ein wenig in die Vergangenheit zurückversetzt und entdecken immer neue kleine Geschäfte, in denen die Zeit stillzustehen scheint.

Hinter dem **Gustav-Mahler-Platz** gehen wir links in die **Große Theaterstraße,** an deren Ende wir links über die **Dammtorstraße** direkt auf den **Gänsemarkt** **8** zugehen. Schon von Weitem sieht man in dessen Mitte das große Gotthold-Ephraim-Lessing-Denkmal, das der Bildhauer Fritz Schaper zum 100-jährigen Todestag des Dichters entworfen hat. Eine Bronzestatue auf einem großen Marmorsockel, die im Zweiten Weltkrieg zwar zerstört, zehn Jahre nach Kriegsende jedoch erneut aufgestellt wurde. Auch wenn der Gänsemarkt es vermuten lässt – mit Gänsen wurde dort nie gehandelt. Und einen Markt gab es dort auch nicht. Vom Gänsemarkt aus gehen wir den **Valentinskamp** hinauf, kreu-

Gänsemarkt

zen die **Caffamacherreihe** – die übrigens nichts mit Kaffee zu tun hat, sondern von der alten, in Norddeutschland üblichen Bezeichnung für Weber herrührt – und gehen weiter, bis auf der linken Seite bei Hausnummer 34 das **Gängeviertel 9** beginnt. Ein Überbleibsel der einstigen „Slums" der Stadt. Die Viertel der Armen. Darunter viele Hafenarbeiter, aber auch Handwerker. Winzige Häuser, an mehreren Orten in Hamburg gebaut. So dicht, dass manchmal nicht einmal ein Handwagen hindurchpasste. Das erste dieser Gängeviertel war ab der ersten Hälfte des 16. Jahrhunderts rund um die Hauptkirche St. Jacobi entstanden. Dann wuchs die Bevölkerung. Neue Gängeviertel wurden bis 1840 erbaut. In den hölzernen, feuchten Buden lebten die Menschen auf engstem Raum. Ein oder zwei Zimmer plus Dachboden. Bis zu fünf Menschen auf 20 bis 25 Quadratmetern. Die Kanalisation – ein trauriger Witz. Gerade mal ein Plumpsklo für viele im Hinterhof. Nährboden für Krankheiten. Nachdem 1892 die Cholera gewütet und die Hafenarbeiter bei ihrem Streik 1896/97 auf die Missstände aufmerksam gemacht hatten, entschlossen sich Se-

↑ **Gängeviertel** →

ERLAUBEN
ERMÖGLICHEN
ERLEICHTERN
ERLAUBEN

nat und Bürgerschaft nach und nach zum Abriss der Gängeviertel. Dieser kleine Bereich hier jedoch blieb erhalten – und ist nun ein Projekt für Kreative, die unter dem Motto „Komm in die Gänge" einen ganz besonderen Ort geschaffen haben. Also einfach durchgehen. Schlendern. Genießen.

Alte Post

Wenn man dann vom **Valentinskamp** aus die **Schierspassage** durchgeht, links die **Speckstraße** hinunterläuft und dann rechts die **Caffamacherreihe,** geht man am Springer-Hochhaus vorbei und kann links durch die **ABC-Straße** wieder auf den Gänsemarkt zulaufen. Kurz bevor wir ihn erreichen, biegen wir aber rechts ab in die **Hohe Bleichen** und sofort wieder links in die **Poststraße.** Die gehen wir durch – und sehen dabei zuerst auf der rechten Seite das **Hanse-Viertel.** Eine zwischen 1978 und 1980 vom Architekten Volkwin Marg erbaute Einkaufspassage aus rotem Backstein und zwei riesigen Glaskuppeln. Wenn man genau hinschaut, schimmert über dem goldenen Schriftzug **Hanse Viertel** noch ein zweiter Schriftzug: „Polen", wie ein Suchbild im Mauerwerk. Beim Bau der Passage waren auch Arbeiter aus Polen mit dabei. Sie suchten sich die etwas dunkleren Steine heraus, legten sie zur Seite und mauerten sie dann heimlich in Form ihres Landesnamens ein.

Vor uns tut sich nun – erneut – ein Stück Italien auf. Wieder der durch einen langen Italienaufenthalt inspirierte Architekt Alexis de Chateauneuf. Die **Alte Post** **10** in der **Poststraße 9** ist mit ihren Rundbögen und ihrer Architektur im Stile der italienischen Renaissance eines der ältesten Postgebäude vor der Gründung der einheitlichen Reichspost in Deutschland. Als es 1847 vollendet wurde, sollte es mehrere der Postanstalten der Stadt unter einem Dach zusammenfassen. Hübsch sitzen kann man dort, so nah am Wasser, das wir nun über die Postbrücke überqueren, um wieder auf den Rathausmarkt und dahinter auf die Mönckebergstraße und somit auch wieder auf unseren Ausgangspunkt und den Anfang der Hamburger Geschichte zuzulaufen.

Fünf Museen,

UM HAMBURGS GESCHICHTE ZU ENTDECKEN

Nicht nur in der City gibt es Orte, die Hamburgs Geschichte lebendig werden lassen. Auch in den Museen der Hansestadt lässt sich immer wieder neues Altes entdecken:

Ein Klassiker ist das Museum für Hamburgische Geschichte, Holstenwall 24, 20355 Hamburg, Tel. 040 4 28 13 21 00, in dem es unter anderem einen interaktiven Rundgang durch die Stadtgeschichte, eine Ausstellung über Juden in Hamburg und spannende Einblicke in Wohnräume und historische Läden gibt (https://shmh.de/de/museum-fuer-hamburgische-geschichte).

Außergewöhnlich ist mit seiner Lage auf der Veddel das Ballinstadt-Auswanderermuseum, Veddeler Bogen 2, 20539 Hamburg, Tel. 040 31 97 91 60, das Geschichten von Menschen erzählt, die nach Übersee auswanderten oder aus der weiten Welt nach Hamburg kamen (www.ballinstadt.de).

Familienfreundlich mit Ermittlungen für Klein und Groß ist das Polizeimuseum, Carl-Cohn-Straße 39, 22297 Hamburg, Tel. 040 4 28 66 80 80. Und die Geschichte der Polizei und ihrer Fälle ist auch ein spannender Einblick in die Geschichte der Stadt (www.polizei.hamburg/polizeimuseum-hamburg/).

Charmant untergebracht auf einem alten Fabrikgelände ist das Museum der Arbeit, Wiesendamm 3, 22305 Hamburg, Tel. 040 4 28 13 30, in dem man entdecken kann, wie sich Leben und Arbeit im Laufe der Geschichte wandelten (https://shmh.de/de/museum-der-arbeit).

Wunderschön sind die Werke im eigens der Kunst in Hamburg gewidmeten Saal in der Hamburger Kunsthalle, Glockengießerwall 5, 20095 Hamburg, Tel. 040 4 28 13 12 00, in dem man sich bei Bildern von Ernst Eitner, Arthur Siebelist oder Julius von Ehren in alte Zeiten träumen kann (www.hamburger-kunsthalle.de/kunst-in-hamburg/).

2 HAFEN UND SPEICHERSTADT

Start: U-Bahn-Station Landungsbrücken, 20459 Hamburg (GPS: 53.545980, 9.970513)
Länge: ca. 6,2 Kilometer
Dauer: ca. 2,5 Stunden
ÖPNV: Haltestelle Landungsbrücken, U-Bahn-Linie U3, S-Bahn-Linien S1, S2, und S3
Parken: z. B. an der Straße Johannisbollwerk, 20459 Hamburg

Unterwegs entdeckt:

1 St. Pauli-Landungsbrücken
2 Alter Elbtunnel
3 Hafentor
4 Skandinavische Seemannskirchen
5 Portugiesenviertel
6 Hauptkirche St. Michaelis
7 Krameramtswohnungen
8 Speicherstadt
9 Flussschifferkirche

Essen + Trinken:

So international wie der Stadtspaziergang sind auch seine Cafés und Restaurants, unter anderem die **Casa Franco,** Rambachstraße 7, 20459 Hamburg, Tel. 0176 61 33 22 26 (https://casa-franco.de), im Portugiesenviertel und die bretonische Crêperie **Ti Breizh,** Deichstraße 39, 20459 Hamburg, Tel. 040 37 51 78 15 (www.tibreizh.de).
Wer es eher traditionell mag, dem seien die **Krameramtsstuben**, Krayenkamp 10, 20459 Hamburg, Tel. 040 36 58 00 (http://krameramtsstuben.de), empfohlen.

Das Tor zur Welt

Der Hamburger Hafen verbindet die Stadt mit rund 950 Häfen in fast 180 Ländern der Welt. Er ist der drittgrößte Containerhafen in Europa und steht auf Platz 19 in der Liste der größten Containerhäfen der Welt. Waren aus allen Ländern der Erde. Menschen aus allen Orten der Welt. Und mehr als 800 Jahre Geschichte und Geschichten. Und ein Spaziergang, auf dem man an allen Ecken und Wegbiegungen darauf stößt, wie international dieser Ort ist.

Landungsbrücken Elbpromenade

Man riecht ihn förmlich. Diesen Duft der weiten Welt. Wenn man aus dem U- und S-Bahnhof Landungsbrücken herauskommt und die Nase in den Wind hält. Dort, wo es dann links und rechts die Treppen hinuntergeht, sollte man stehen bleiben und den Blick genießen: über die Elbe, die Hafenkräne, auf die Schiffe und Boote, die eifrig durchs Wasser schaukeln, auf die Musical-Theater gegenüber auf der anderen Elbseite und die **Museumsschiffe Rickmer Rickmers und Cap San Diego** gleich vorne im Hafen. Und natürlich auf riesige Pötte aus fernen Ländern. Allerdings: Den besten Blick hat man von gegenüber. Vom Aussichtspunkt **Steinwerder.** Um dorthin zu kommen, muss man die Elbe queren. Und da kein Boot

Alter Elbtunnel

direkt dort anlegt, gibt es nur den einen schnellen Weg: durch den alten, wunderschönen und sehenswerten Elbtunnel.

Wir gehen rechts die Treppe hinunter und die **St. Pauli-Landungsbrücken** 1 entlang. Das 1907 erstmals gebaute und zwischen 1953 und 1955 neu errichtete Bauwerk aus Tuffstein zieht sich zwischen Niederhafen und Fischmarkt an der Elbe entlang. Wo früher Dampfschiffe losfuhren, schlendern heute Touristen aus aller Welt. Und es schaukeln Ausflugsschiffe – von niedlichen Barkassen bis zum imposanten blauen Raddampfer – zur Hafenrundfahrt los. Das 205 Meter lange Abfertigungsgebäude hat zwei Türme, von denen der eine über den Pegelstand der Norderelbe informiert, und mehrere Durchgänge, durch die man über hölzerne Bohlen immer wieder zur Elbe gelangt. Wir gehen weiter geradeaus und auf das Gebäude mit der grünen Dachkuppel zu. Der Südeingang des 426,5 Meter langen **Alten Elbtunnels** 2, der eigentlich so eine Art Werkstor war, denn durch ihn kamen zu früheren Zeiten die Hafenarbeiter – um 1900 insgesamt rund 100.000 – von der anderen Elbseite herüber. Bis dahin war ihr Arbeitsweg nur per Boot quer über die Elbe möglich, was beschwerlich und gar nicht so ungefährlich war. Und heute? Da betritt man das alte **Eingangsgebäude** und fühlt sich in eine andere Zeit versetzt. Schaut hinunter, die ewig lang erscheinenden Treppen hinab. Und fragt sich, ob man den Aufzug, die Treppe oder vielleicht doch einen der Lastenaufzüge nehmen soll. Mit Letzteren fuhren bis zur großen Sanierung und Wiedereröffnung 2019 noch Autos. Heute sind die großen Aufzüge vorerst Fußgängern und Radfahrern vorbehalten. Ganz egal, für welchen Ab- und Auffahrtsweg man sich entscheidet, das Gefühl, wenn man unter der Erdoberfläche am Beginn der ins

Alter Elbtunnel

Nirgendwo verlaufenden Röhren steht, ist immer wieder ganz besonders. Der am 7. September 1911 erstmals für den Fußgängerverkehr und am 30. November 1911 auch für Pferdefuhrwerke und Kraftfahrzeuge eröffnete Tunnel hatte umgerechnet 50 Millionen Euro gekostet. Die Fahrbahnbreite der beiden Tunnelröhren orientiert sich mit 1,82 Metern an der Breite eines Pferdefuhrwerks, die Höhe mit 4,7 Metern ebenfalls, denn dort hatte eine Kutsche mit Kutscher und aufgestellter Peitsche genügend Platz. An den Wänden fallen die rund 400.000 Kacheln, die Keramikplatten mit Motiven und das für den Elbtunnel typische Schummerlicht auf.

Dann geht man los. Sieht irgendwann das Tunnelende, dafür den Anfang nicht mehr. Wenn man dann oben das weitaus weniger schmucke Ausgangsgebäude verlässt, führt der Weg ein paar Schritte die Straße entlang und dann links zur **Aussichtsplattform Steinwerder.** Das typische Hamburg-Panorama: Michel, Hotel Hafen Hamburg, Jugendherberge auf dem Stintfang, Schiffe, Boote, dicke Pötte ... Ein Vorgeschmack auf unseren Weg durch den Hafen bis hin zur Speicherstadt.

Wieder zurück am Südeingang verlassen wir das Gebäude und kreuzen auf Höhe der Brücke 4 die St. Pauli Hafenstraße. Kraxeln die Willi-Bartels-Treppe hinauf und folgen oben nach rechts dem Weg **Bei der Erholung,** der unterhalb des Hotels „Hafen Hamburg" verläuft, dessen Hauptgebäude um 1860 von Hamburger Reedern als Seemannsheim errichtet wurde und noch bis in die 1980er-Jahre als solches diente.

Wir gehen nach rechts über die **Seewartenstraße,** überqueren die **Kersten-Miles-Brücke** und biegen gleich wieder rechts auf den **Alfred-Wegener-Weg** ein und laufen zur **Jugendherberge auf dem Stintfang,** deren Bau der SPD-Politikerin Paula Karpinski (1897–2005) zu verdanken ist. Die wollte nämlich Menschen aus aller Welt schon möglichst früh für Hamburg begeistern und setzte sich deshalb für den Bau einer Jugendherberge an einer der schönsten Lagen der Stadt ein: hoch über Elbe und Hafen. Die Argumente, das sei doch zu nah an der sündigen Reeperbahn, waren ihr egal. Wichtiger war ihr, die Liebe junger Menschen aus aller Welt zu Hamburg zu wecken – damit sie später als zahlende Gäste wiederkämen. Recht hatte sie, wenn man von der Jugendherberge aus den Blick über den Hafen genießt.

Weiter geht es hinter der Jugendherberge den **Venusberg** und dann rechts den **Kuhberg** hinunter bis zum **Hafentor 3.** An dieser Stelle befand sich einst das südliche Ende der Fes-

Skandinavische Seemannskirche

Portugiesenviertel

tung, die Hamburg seit dem 17. Jahrhundert umgab. St. Pauli lag damals außerhalb dieser Mauern und hieß noch bis 1833 Hamburger Berg. Doch durch die Lage am Geesthang war die Verbindung zum Hafen immer schon da und immer bedeutungsvoll. Matrosen aus aller Welt kamen an und erkundeten den Berg. Mit Blick auf die Dampfschifffahrt, die nach 1813 boomte, durften die Schiffe übrigens ganz bewusst nicht innerhalb der Stadt anlegen – aus Angst vor explodierenden Kesseln.

Ein paar Schritte links die Straße Johannesbollwerk hinunter und dann gleich wieder links geht es in die **Ditmar-Koel-Straße** mit ihren vier **Skandinavischen Seemannskirchen 4**, die errichtet wurden, damit die Seeleute aus den vier skandinavischen Ländern **Schweden, Finnland, Norwegen und Dänemark** eine Anlaufstelle haben. Die schwedische „Gustav Adolfskyrkan" wurde 1906/07 erbaut und ist damit die älteste der vier Kirchen. Sie steht am Beginn der Straße auf der linken Seite. Weiter oben folgen die erst nach dem Zweiten Weltkrieg erbauten drei weiteren Kirchen.

Die stimmungsvollen Skandinavischen Weihnachtsmärkte der Seemannskirchen finden jedes Jahr an zwei Wochenenden in der Vorweihnachtszeit statt.

Die **Ditmar-Koel-Straße** ist zugleich auch so etwas wie die Hauptstraße quer durchs **Portugiesenviertel 5**. Dieser heimelige **Schmelztiegel von Menschen verschiedener Kulturen** ist wie ein mediterranes Dorf – inklusive Galerien und Kunsthandwerkerläden sowie sensationeller Galao-Bars, Tapas-Restaurants und Speisekarten mit den wunderbarsten Fischgerichten. Schon immer lebten im Viertel zwischen südlicher Neustadt, Hafentor, Venusberg und den Straßen Vorsetzen und Johannisbollwerk Hafenarbeiter und Besitzer kleiner Läden aus allen Ländern der Welt. Ab der 1960er-Jahre kamen aber vor allem Gastarbeiter aus **Portugal,** die auch in der Gastronomie und nicht nur im Hafen Arbeit suchten. Daher der Name Portugiesenviertel. Und wer Zeit hat – und Appetit –, dem sei geraten, den beschriebenen Weg einfach mal kurz zu verlassen, um die Nase in die eine oder andere Gasse zu stecken.

Am Ende der **Ditmar-Koel-Straße** stößt man auf die Michelwiese, deren Hang wir nach links hinauf erklimmen, um auf eines von Hamburgs Wahrzeichen zu stoßen: die evangelische **Hauptkirche St. Michaelis 6,** eigentlich ja nur Michel genannt. Eine dreischiffige barocke Hallenkirche mit 132 Meter hohem mit Kupferplatten verkleidetem Turm, der das Stadtbild prägt, zu den schönsten Kirchen Norddeutschlands zählt und an dem die größte Turmuhr Deutschlands prangt. 2500 Menschen finden in dieser größten Kirche Hamburgs Platz. Wer mag, kann die 452 Stufen zur 82 Meter hohen Aussichtsplattform emporsteigen.

Regelmäßig findet der Nachtmichel statt, bei dem man den Blick auf die Lichter der Stadt genießen kann. Infos: www.nachtmichel.de

In der Krypta unter der Kirche befinden sich die Gräber des Komponisten Carl Philipp Emanuel Bach und des Erbauers der Kirche, Ernst Georg Sonnin. Insgesamt zweimal

Michelwiese

Krameramtsstuben

musste die erstmals zwischen 1647 und 1669, damals noch ohne den berühmten runden Kirchturm, erbaute Kirche neu errichtet werden: nach einem durch einen Blitzschlag ausgelösten Brand im März 1750 und nach einem durch Lötarbeiten entfachten Brand im Sommer 1906. Im Zweiten Weltkrieg wurde bei Luftangriffen nur das Hauptschiff des Michels getroffen, der Turm blieb unbeschadet.

Vom Michel aus laufen wir zum **Krayenkamp,** wo wir auf Höhe der Hausnummer 10 auf die **Krameramtswohnungen 7,** Hamburgs älteste geschlossene Reihenhaussiedlung, treffen. Die ersten der kleinen Wohnungen, die seit 1933 unter Denkmalschutz stehen, wurden zwischen 1620 und 1700 erbaut – als Witwenwohnungen für die Ehefrauen der in der Zunft des Krameramts organisierten Kleinhändler, die in ihren Läden vor allem mit Gewürzen, Seidenstoffen und Eisenwaren handelten. Starben die Männer, war es den Frauen nicht erlaubt, deren Geschäfte weiterzuführen. Wurden die Läden dann weitervermietet, mussten die Witwen aus ihren Privatzimmern heraus, die sich über dem Geschäft befanden. Sie zogen dann in die extra dafür gebauten Witwenwohnungen, wo sie nicht nur ein Dach über dem Kopf hatten, sondern auch Brennmaterial und eine kleine Rente bekamen.

Am Ende der Straße geht es rechts auf die **Michelwiese** zu, die wir dann hinuntergehen: immer auf Gruner und Jahr zu, das bekannte Verlagshaus, das mit Titeln und Beteiligungen in zahlreichen Ländern Europas und mit deutschen Magazinen wie „Geo“, „stern“ oder „National Geographic“ noch auf ganz andere Art für Internationalität steht. Immer geradeaus geht es am Verlag entlang über eine kleine Brücke auf die

U-Bahn-Station Baumwall zu, die wir an der hinteren Seite über eine Treppe wieder verlassen und ein paar Meter links parallel zur U-Bahn laufen, um dann rechts über die vor uns liegende **Niederbaumbrücke** in die **Speicherstadt** **8** zu gehen. Der Name Baumwall erinnert übrigens an eine Zeit, als der Binnenhafen ein geschützter Bereich innerhalb der Wallanlagen war. Mit schwimmenden Baumstämmen sicherte man ihn vor fremden Schiffen, die in die Stadt eindringen wollten. Dann jedoch wurde zwischen 1883 und Ende der 1920er-Jahre die 26 Hektar große Speicherstadt in neugotischer Backsteinarchitektur erbaut – es entstand der auf Tausenden Holzpfählen thronende größte Lagerhauskomplex der Welt, der seit 1991 unter Denkmalschutz steht und seit 2016 auf der Weltkulturerbe-Liste der UNESCO steht.

Speicherstadt

Wo einst Waren aus aller Welt lagerten, schwirren heute Touristen durch die Straßen. Wir bleiben auf dem Trockenen und gehen gleich hinter der Brücke links, an dem Gebäude der Körber-Stiftung vorbei und dann weiter auf mehrere Museen zu, die auch wieder vor allem eines sind: international. Da ist an der Straße **Kehrwieder** das **Miniaturwunderland,** die größte Modelleisenbahn der Welt, wo auf einer Fläche von 1499 Quadratmetern weit mehr als 1000 Züge fahren und unter anderem Amerika, die Schweiz, Italien, Skandinavien und Österreich nachgebaut sind. Hamburg natürlich auch. Wer die große weite Welt lieber riecht, der kann vor dem Gebäude des Miniaturwunderlands rechts einen Schwenk über den **Kehrwiedersteg** machen, denn dort, am **Sandtorkei,** geht es linker Hand zuerst zum **Speicherstadtmuseum** und dahinter zum **Gewürzmuseum** – mit Gewürzen aus aller Welt.

Blick auf die Elbphilharmonie

Unser Spaziergang allerdings geht über die Straße Kehrwieder weiter und an deren Ende nach links über die 1888 fertiggestellte **Brooksbrücke.** Und dann immer geradeaus: die **Mattentwiete** hinauf und über die **Holzbrücke,** hinter der es links in die legendäre **Deichstraße** geht. Gut, die ist nur von ihren Restaurants international. Und natürlich durch die vielen Touristen, die sehen wollen, wie die Stadt vor dem Großen Brand 1842 ausgesehen hat. Heimelig irgendwie. Mit mehrgeschossigen Fachwerkhäusern am **Nikolaifleet,** das auch heute noch Binnenalster und Norderelbe verbindet. Barocke Fassaden. Enge Gassen. Ja, genau in dieser Enge brach damals das Feuer aus. Wie, das ist nie endgültig geklärt worden. Aber die Flammen wüteten drei Tage und zwei Nächte lang, zerstörten ein Viertel der Stadt, mehr als 40 Straßen und insgesamt 1749 Gebäude, darunter drei Kirchen. 20.000 Menschen wurden obdachlos, 51 starben.

Ganz am Ende der **Deichstraße** gehen wir wieder aufs Wasser zu – und genau auf den Eingang zur **Flussschiffer-kirche 9,** dem einzigen schwimmenden Gotteshaus Deutschlands. Ein alter Frachtkahn, der in den 1950er-Jahren zur Kirche geweiht wurde. Insgesamt 130 Menschen haben auf dem 26 Meter langen und sieben Meter breiten Schiff Platz. Sogar eine Orgel gibt es. Und als Satz, der über allem steht, den Ausspruch von Johann Hinrich Wichern, der 1870 in Hamburg die Binnenschifferseelsorge einführte: „Wenn die Menschen nicht zur Kirche kommen können, muss die Kirche zu den Menschen gehen." Und genau das tut sie. So besucht sie die Binnenschiffer und ihre Familien, bringt ihnen zur Begrüßung eine aktuelle Zeitung ihrer jeweiligen Heimat und einen Apfel mit und bietet Hilfe, Rat und Gespräche an. Eine Art Ankerort in der Ferne.

Wir laufen wieder in Richtung Landungsbrücken, immer zwischen Wasser und U-Bahn entlang. Hinter der Niederbaumbrücke beginnt die neue **Elbpromenade.** Ein 1,3 Meter langer, breiter Boulevard mit riesigen weißen Treppen. Von dort aus hat man einen weiten Blick über den Hafen und entdeckt noch zwei weitere Wahrzeichen von Hamburg, die für die weite Welt und fremde Länder stehen: Zum einen liegt da das Museumsschiff **Rickmer Rickmers.** Der riesige Dreimaster mit grünem Bug verließ im Sommer 1896 in Bremerhaven die Werft der Reederei Rickmer Clasen Rickmers und brachte vor allem Bambus aus Hongkong nach Deutschland, außerdem bereiste er die USA, den Indischen Ozean und Länder in Fernost. Einige Meter weiter in Richtung Landungsbrücken liegt außerdem die 1961 erbaute **Cap San Diego.** Einst wurde sie wegen ihres weißen Anstrichs „Weißer Schwan des Südatlantiks" genannt. Sie fuhr als Frachtschiff 20 Jahre lang nach Südamerika, brachte Autos und Maschinen hin und Fleisch, Textilien und Kaffee wieder zurück. Heute steht sie unter Denkmalschutz und ist Hotelschiff und Museum – und ein Wahrzeichen der Landungsbrücken, die wir jetzt wieder erreicht haben.

Hafenstimmung

3 GRINDELVIERTEL

Start/Ziel: U-Bahn-Station Hallerstraße, 22149 Hamburg (GPS: 53.572736, 9.988743)
Länge: ca. 4 Kilometer
Dauer: ca. 1,5 Stunden
ÖPNV: Haltestelle Hallerstraße, U-Bahn-Linie U1
Parken: Hallerstraße/MARKK oder Allende-Platz, 22149 Hamburg

Unterwegs entdeckt:

1 MARKK
2 Ballin-Villa
3 Curio-Haus
4 Platz der jüdischen Deportierten
5 Universität
6 Allende-Platz
7 Joseph-Carlebach-Platz
8 Thalmud-Thora-Schule
9 Seitenstraßen und ehemalige Synagoge in der Rappstraße
10 Kammerspiele

Essen + Trinken:

Rund um den Allende-Platz und an der Straße Grindelhof reihen sich gute Cafés und Restaurants. Direkt am Allende-Platz liegt das **Abaton Bistro,** Grindelhof 14A, 20146 Hamburg, Tel. 040 45 77 71 (www.abaton-bistro.de/index.php), in dem man bei guten Weinen französische Bistroküche genießen kann.
Ebenfalls am Allende-Platz, mit jungem Publikum und einem wechselnden kulturellen Angebot: die **Pony Bar,** Allende-Platz 1, 20146 Hamburg, Tel. 040 87 09 04 17 (www.ponybar.de).
Eine Institution ist das jüdische **Café Leonar,** Grindelhof 59, 20146 Hamburg, Tel. 040 41 35 30 11 (http://cafeleonar.de).

Das jüdische Hamburg

Straßen. Spuren. Stolpersteine. Wer zwischen Rothenbaumchaussee und Grindelallee unterwegs ist, den Grindelhof mit seinen Seitenstraßen erkundet, wird vieles entdecken vom jüdischen Viertel, wie es zu Beginn des letzten Jahrhunderts noch war – und zugleich Neues erfahren, denn am Grindel erwacht wieder jüdisches Leben.

Die Rothenbaumchaussee ist vierspurig. Und schön ist sie am U-Bahnhof **Hallerstraße** nicht, wenn man die U-Bahn zum Ausgang Turmweg verlässt und den Bürgersteig entlanggeht. Doch unsere erste Station ist nicht weit – und kommt hochherrschaftlich daher: das **MARKK 1, das Museum am Rothenbaum. Kulturen und Künste der Welt,** an der Rothenbaumchaussee 64. Entstanden aus einer kleinen ethnologischen Sammlung von 1842, ist es heute eines der größten ethnographischen Museen Europas. Das Gebäude wurde zwischen 1908 und 1912 nach Plänen des Architekten Albert Erbe erbaut. Ein Haus mit äußerst wechselhafter Geschichte, auch vor dem Hintergrund des Wiederauflebens des kolonialen Gedankens im Nationalsozialismus. Lange brauchte das Museum, um sich nach 1945 ein eigenes, neues Profil zu schaffen. Heute steht es mit seiner Sammlung für Weltoffenheit und für eine kritische Auseinandersetzung mit den Spuren des kolonialen Erbes.

Gleich hinter dem **MARKK** biegen wir in die **Binderstraße** ein und staunen über das, was uns auf der Hinterseite des Museums erwartet: ein chinesischer Garten, ein Teehaus mit Pagodendächern, erbaut nach dem Vorbild des Shanghaier Teehauses Huxinting und ein Symbol für die Freundschaft zwischen Hamburg und China. Direkt gegenüber steht an der **Feldbrunnenstraße 58** die **Ballin-Villa 2.** Der 1857 in Hamburg geborene Albert Ballin brachte es durch das Auswanderergeschäft zum mächtigsten Reeder der Welt. Der Sohn eines jüdischen Kleinunternehmers führte die „Hamburg-Amerikanische Pecketfahrt-Actien-Gesellschaft", kurz: HAPAG, an die

Teehaus

Spitze der Seefahrt. 1908 beauftragte er die Architekten Georg Kallmorge und Werner Lundt mit dem Bau des Hauses. Sachlich und ohne Fassadenschmuck, dafür monumental, mächtig, mit vier prachtvollen Säulen. Die Ballin-Villa überragte alle damals umliegenden Gebäude und wurde auch „Klein Potsdam“ genannt, da Kaiser Wilhelm II. häufig zu Besuch war.

Ballin, kein sehr gläubiger Jude und selten Gast in der Synagoge, war ein „Macher“, galt als deutsch-national und verzweifelte, als die Monarchie ihrem Ende entgegensah. Er nahm sich im November

Ballin-Villa

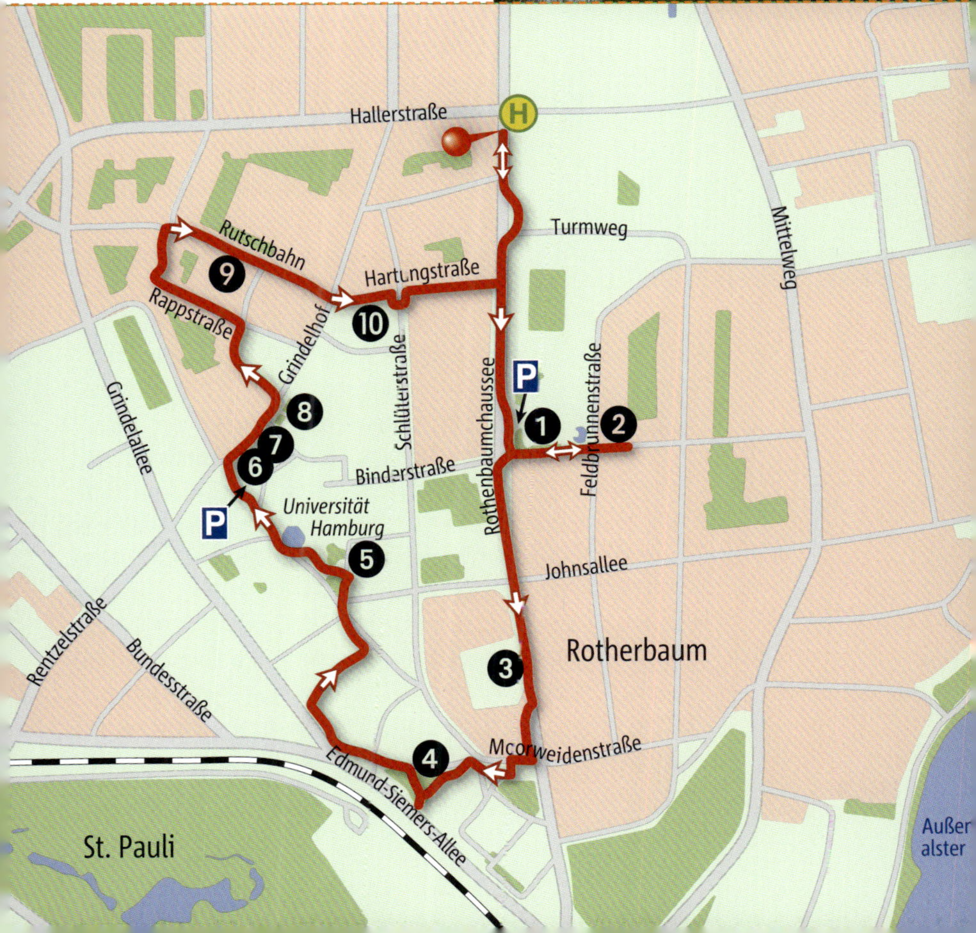

Curio-Haus

1918 mit einer Überdosis Schlaftabletten das Leben. Und so erlebte er nicht mehr, wie 1935 ein nach ihm benanntes Schiff in „Hansa" umgetauft wurde und zwei Jahre später der Name Ballin in der Festschrift zum 90-jährigen Bestehen der HAPAG kein einziges Mal vorkam.

Wir gehen zur **Rothenbaumchaussee** zurück und laufen sie hinunter, bis auf der rechten Seite das **Curio-Haus 3** mit der Nummer 11–15 zu sehen ist. Das nach dem Gründer der Gesellschaft der Freunde des vaterländischen Schul- und Erziehungswesens, Johann Carl Daniel Curio, benannte und zwischen 1908 und 1911 nach Entwürfen der Architekten Johann Emil Schaudt und Walther Puritz erbaute Haus war in den 1920er-Jahren für seine Künstlerfeste bekannt. 1946 bis 1948 diente es den britischen Militärgerichten als Gerichtssaal bei den Prozessen gegen NS- und Kriegsverbrechen, darunter auch der Hauptprozess zum KZ Neuengamme, der häufig als „Curio-Haus-Prozess" bezeichnet wird.

Wir laufen die **Rothenbaumchaussee** noch ein paar Meter weiter und biegen dann rechts in die **Moorweidenstraße** ein. Zu unserer Linken liegt nun der **Ernst-Cassirer-Park,** der an den 1874 in Breslau geborenen Philosophen und Universitätslehrer erinnert. Der gehörte 1919, bei der Gründung der hamburgischen Universität, zur ersten Generation neu berufener Wissenschaftler und wurde 1929 zum Rektor der Universität. Einer der ersten jüdischen Rektoren in Deutschland. Wenige Wochen nach der Machtergreifung Hitlers verließ Cassirer die Universität und emigrierte gemeinsam mit seiner Frau nach Schweden.

Hinter dem Park liegt das Hauptgebäude der Universität. Folgt man der Moorweidestraße weiter, kommt auf der rechten Seite das Haus mit der Nummer 36 und ihm gegenüber eine große Grünfläche: die **Moorweide, der Platz der jüdischen Deportierten** 4. Dort begannen im Oktober 1941 die Deportationen: Am Haus mit der Nummer 36, vormals Sitz der zu dem Zeitpunkt bereits aufgelösten „Provinzialloge von Niedersachsen", mussten sich rund 1000 Juden einfinden. Zuvor wurden sie gezwungen, ihre Wohnungsschlüssel abzugeben und zu unterschreiben, Feinde der deutschen Regierung und damit ohne Recht auf ihr zurückgelassenes Eigentum und ihre deutsche Staatsbürgerschaft zu sein. Man hatte ihnen gesagt, eine große Umsiedlung deutscher Juden in den Osten sei geplant. Doch in Wirklichkeit wartete nach einer Nacht in der Provinzialloge die Fahrt in den Tod auf sie: Sie mussten sich auf der Grünfläche vor dem Logenhaus sammeln, wurden dann zum Hannover'schen Bahnhof in der heutigen Hafencity gebracht und stiegen in überfüllte Züge, die sie nach Minsk, später auch in die Todeslager von Lodz, Riga, Auschwitz und Theresienstadt brachten. Bis Februar 1945 gab es 17 Transporte, rund 8000 Menschen fuhren von der Moorweide aus in den Tod.

Platz der jüdischen Deportierten

Heute erinnert auf dem **Platz der jüdischen Deportierten** ein Mahnmal an die systematische Ermordung. Der in den 1980er-Jahren vom Künstler Ulrich Rückriem entworfene Gedenkstein ist ein aus sieben einzelnen Steinen zusammengesetzter Granitblock.

Wir laufen die **Moorweidestraße** noch ein Stück weiter, bis sie auf die **Grindelallee** stößt. Dort prallen die Orte jüdischen Lebens mit denen der Nationalsozialisten aufeinander. Da ist zum Beispiel das schmale, hohe Eckhaus **Grindelallee 1,** in dem das Lokal „Grindeler Schinkenkrug" war, wo der NSDAP-Kreis Rotherbaum 1925 sein erstes Parteilokal hatte. In diesem Haus wohnte aber auch der 1889 in Ham-

Wandbild an der Universität

burg geborene Journalist, Pazifist und Friedensnobelpreisträger Carl von Ossietzky, bevor er 1919 nach Berlin ging, wo er 1927 Herausgeber und Chefredakteur der deutschen Wochenzeitschrift „Weltbühne" wurde. Trotz vieler Warnungen blieb er auch nach der Machtübernahme der Nationalsozialisten in Deutschland, wurde mehrfach inhaftiert und kam 1934 in das Konzentrationslager Papenburg-Esterwegen. 1938 starb er mit 49 Jahren an den Folgen der KZ-Haft. 1983, zum 50. Jahrestag der nationalsozialistischen Bücherverbrennung, wurde das Gebäude gegenüber nach ihm umbenannt: zur **Staats- und Universitätsbibliothek Hamburg Carl von Ossietzky.** Wo der Neubau der Bibliothek steht, befand sich in den 1920er-Jahren das „Café Timpe", ein Treffpunkt jüdischer Intellektueller, Linker und Liberaler. Hinter dem Gebäude der Staatsbibliothek geht ein schmaler Fußweg zwischen den Häusern hindurch, der uns auf das Gelände der **Universität** **5** im **Von-Melle-Park** führt, der nach dem 1853 geborenen Senator und Bürgermeister Werner von Melle benannt ist. Mit mehr als 40.000 Studierenden ist die Universität Hamburg heute eine der zehn größten staatlichen Hochschulen Deutschlands. Fast alle Neubauten sind erst nach dem Zweiten Weltkrieg entstanden. Nach der Machtübernahme der Nationalsozialisten im Januar 1933 und dem „Gesetz zur Wiederherstellung des Berufsbeamtentums" rund drei Monate später wurde rund ein Achtel des wissenschaftlichen Personals entlassen oder kam seiner Entlassung zuvor. Darunter berühmte jüdische Wissenschaftler wie der Psychologe William Stern, der Physiker und spätere Nobelpreisträger Otto Stern, der Kunsthistoriker Erwin Panofsky, der Völkerrechtler Albrecht Mendelssohn Bartholdy, der schon genannte Ernst Cassirer und die Germanistin und erste Professorin der Universität Agathe Lasch, die nach Berlin ging und im Sommer 1942 nach Riga deportiert und noch vor ihrer Ankunft im Getto ermordet wurde.

Wir gehen links und sehen dann noch vor dem kleinen See auf der rechten Seite das vom Architekten Bernhard Hermkes geplante **Audimax** im **Von-Melle-Park 4** und betreten den Eingangsbereich. Dort liegt, in den Boden eingelassen, die Gedenktafel **In Memoriam** des Künstlers Fritz Fleer, die an die zumeist studentischen Mitglieder einer Widerstandsgruppe erinnert. Diese wird häufig als Ableger des Münchner Zweigs der „Weißen Rose“ bezeichnet, soll jedoch älter gewesen sein. 30 Mitglieder wurden in den Jahren 1943 und 1944 inhaftiert und unter anderem wegen „Vorbereitung zum Hochverrat“ angeklagt, acht der Angeklagten wurden ermordet oder starben an den Folgen ihrer Inhaftierung.

Draußen auf dem Platz vor dem Audimax sehen wir schräg gegenüber am Haus Von-Melle-Park 9, dem Gebäude des Fachbereichs Sozialökonomie der Fakultät Wirtschafts- und Sozialwissenschaften, ein riesiges **Wandbild,** das die argentinische Künstlerin Cecilia Herrero in den 1990er-Jahren gemeinsam mit einer Gruppe von Studierenden gestaltet hat. Es zeigt das jüdische Leben am Grindel vor der Zeit des Nationalsozialismus. Ein buntes Leben mit kleinen Läden, Kultureinrichtungen, Schulen und zwei Synagogen, mit so viel Geist, Tradition, aber auch Offenheit

Abaton-Kino

und Toleranz. Tiefe Risse zwischen den einzelnen Bildern stehen für die Zerstörung dieses Lebens und all der einzelnen Leben. Außerdem sind im Wandbild drei Plakate aus der Zeit der Weimarer Republik eingefügt, die „Nie wieder Krieg" fordern. Und auch ein Gedicht der deutsch-schwedischen Dichterin Nelly Sachs ist darin zu finden. Und es mahnt, die Erinnerung wachzuhalten.

Genau dieses jüdische Leben und die Erinnerung daran begegnet uns, wenn wir den Campus durchqueren und zum **Allende-Platz** **6** gehen. Der Platz neben dem **Abaton-Kino,** Deutschlands ältestem Programmkino, hieß früher Bornplatz und wurde 1983 zu Ehren des chilenischen Staatspräsidenten Dr. Salvador Allende umbenannt. Der Platz ist wie das Herz des Viertels. An warmen Sommerabenden voller Menschen. Ein Ort, innezuhalten und gedanklich zu verreisen. Ins späte 16. Jahrhundert, als sich die ersten portugiesischen Juden in Hamburg niederließen. Um 1600 zogen auch deutsche Juden in die Stadt, 1649 waren es rund 15 Familien. Das gefiel unter anderem Hamburgs Geistlichkeit nicht. Und so riefen sie von der Kanzel dazu auf, die Juden zu verjagen. Während die portugiesischen Juden, die für das Wirtschaftsleben von großer Bedeutung waren, bleiben durften, mussten die deutschen Juden Mitte des 17. Jahrhunderts die Stadt zeitweilig verlassen und wurden im benachbarten Altona aufgenommen.

Im Abaton-Kino gibt es ein tolles Kinderkino-Programm.

Nie gab es ein richtiges Getto in Hamburg, doch war den deutschen Juden innerhalb der Stadt weder Grundbesitz noch Freizügigkeit gestattet, sie wurden von Ämtern ausgeschlossen und bestimmte Straßen wie der Großneumarkt oder der Alte Wall wurden ihnen zugeteilt. Das änderte sich erst 1710 mit der neuen Judengesetzgebung, durch die sie Schutz und eine gewisse Gleichstellung genossen. Um 1800 lebten rund 6300 deutsche und 130 portugiesische Juden in Hamburg. Damit war ihre Gemeinde die größte jüdische Gemeinde Deutschlands. Und ihr Leben in Hamburg war trotz mancher Schikanen relativ frei. Immer bedeutender wurde ihre Rolle im Wirtschaftsleben und in der Ärzte- und Anwaltschaft. Seit

Wandgemälde am Joseph-Carlebach-Platz

der Aufhebung der Torsperre 1860 zogen immer mehr Juden von der Innenstadt hinaus nach Rotherbaum und Harvestehude. Das Grindelviertel wurde zum Ort jüdischen Lebens, an dem Deutsch, Polnisch und Jiddisch gesprochen wurde. 1931 lebten rund 20.000 Juden in Hamburg, weitere 5000 im benachbarten Altona. 1939 waren es nur noch gut 8400. Und als 1941 die Deportationen begannen, wurden mehr als 8000 in Vernichtungslagern wie Treblinka, Auschwitz oder Neuengamme umgebracht.

Steht man auf dem **Allende-Platz,** sieht man links neben dem Kino ein langes Gebäude, in dem es unter anderem die **Pony Bar** gibt. Die hat deshalb ihren Namen, weil das Gebäude 1908 für den Fuhrunternehmer Johannes August Heinrich Schlüter und sein größtes Luxusfuhrgeschäft Europas gebaut wurde. 200 Pferde und 100 Kutschen standen darin. Ende der 1920er-Jahre kaufte die Hamburger Universität das Gebäude, in den Räumen des einstigen Stalles lehrten und forschten Ernst Cassirer, William Stern und Agathe Lasch – bis sie 1933 die Universität verlassen mussten. Während des Zweiten Weltkriegs war der Keller des Pferdestalls für die jüdische Bevölkerung eine Art Schutzraum, während gegenüber ein massiv gebauter Bunker stand, in den aber nur die nicht jüdische Bevölkerung durfte.

In der Vorweihnachtszeit gibt es auf dem Allende-Platz den beliebten „Christgrindelmarkt“.

Verlassen wir den Allende-Platz zur angrenzenden Straße **Grindelberg** und laufen diese wenige Meter rechts hinauf, stehen wir vor dem **Joseph-Carlebach-Platz 7.** Der Platz neben Bunker und Allende-Platz war der Ort, an dem zwischen 1906 und 1940 die Bornplatz-Synagoge stand. Die frei stehende und im neuromanischen Stil errichtete Synagoge mit 1200 Plätzen war die Hauptsynagoge des orthodoxen Synagogenverbands. Mehr als 2000 Menschen wohnten 1936 der Amtseinführung des Oberrabiners Joseph Carlebach bei, nach dem der Platz 1990 benannt wurde. Während der Novemberpogrome 1938 wurde das Gotteshaus geschändet und zerstört und die Gemeinde von den Nationalsozialisten gezwungen, die Synagoge auf eigene Kosten abzureißen und das Grundstück zu einem lächerlichen Preis

Thalmud-Thora-Schule

der Stadt zu verkaufen. Obwohl Joseph Carlebach die Möglichkeit hatte, aus Deutschland auszureisen, blieb er schützend bei seiner Gemeinde, wurde 1941 ins Konzentrationslager Jungfernhof nahe Riga deportiert und dort 1942 gemeinsam mit seiner Frau und den drei jüngsten Töchtern ermordet. 1988 bildete die Künstlerin Margrit Kahl den früheren Grundriss und das Deckengewölbe mit Granitsteinen auf dem einstigen Standort nach. Eine blaue, nachts beleuchtete Erinnerungstafel hält die Geschichte mahnend lebendig.

Auf der Hinterseite des Platzes sieht man ein großes Wandgemälde mit Zitaten und dem Porträt der 1892 in Hamburg geborenen Psychologin Martha Muchow. Sie galt als enge Vertraute ihres Lehrers William Stern und wurde nach dessen Entlassung 1933 denunziert und all ihrer Ämter enthoben. Zwei Tage später versuchte sie, sich das Leben zu nehmen. Zwei weitere Tage später starb sie an den Folgen ihres Suizidversuchs.

Gleich neben dem Joseph-Carlebach-Platz befindet sich die **Thalmud-Thora-Schule 8**, die für Vergangenheit, aber vor allem Zukunft steht und heute auch für nicht jüdische Kinder offen ist. 1911 war die bereits 1805 gegründete Schule aus der Hamburger Neustadt ins damals neue Gebäude am Grindelhof 30 gezogen. Ab 1921 war Joseph Carlebach auch ihr Direktor und galt als begnadeter Pädagoge. 1942 wurde der Unterricht verboten, das Gebäude zur Sammelstelle für Deportationen. Seit 2007 ist die Schule wieder das Zentrum der Jüdischen Gemeinde. Unter ihrem Dach gibt es unter anderem einen Kindergarten, eine Schule, die Gemeindeverwaltung und ein Jugendzentrum. Polizisten bewachen das Gebäude, das von hohen Zäunen umgeben und mit Kameras gesichert ist.

Gegenüber der Schule geht es in die Dillstraße – und damit in die schmalen, schönen **Seitenstraßen** 9 des Viertels. Wir bummeln die Straße hinunter und stellen uns vor, wie das Leben dort ausgesehen hat. Damals, bevor Häuser und Wohnstifte noch nicht zu sogenannten **Judenhäusern** umfunktioniert worden waren. Fast 80 dieser Häuser gab es, gekennzeichnet wurden sie mit einem weißen Judenstern. Darin lebten jüdische Familien, nachdem sie ihre Wohnungen für „Arier" frei machen mussten. Dort sieht man auch die meisten **Stolpersteine** im Bordstein. Golden glänzen die zehn mal zehn Zentimeter messenden Steine, die der Kölner Bildhauer Gunter Demnig 1995 als Aktion ins Leben rief. Mit Name, Geburtsjahr und dem Datum der Ermordung oder Verschleppung versehen, liegen sie in ganz Deutschland vor Gebäuden und erinnern an die Opfer der Nationalsozialisten.

Jüdisches Leben ist ins Grindelviertel zurückgekehrt. So bietet unter anderem der „Jüdische Salon" unter www.salonamgrindel.de ein kulturelles Programm. Wer eine Auswahl koscherer Lebensmittel sucht, findet diese im Edeka-Markt an der Grindelallee 126.

Einige Meter weiter stößt die **Dillstraße** auf die **Rappstraße**, die wir links hinuntergehen. In der Straße gab es früher viele kleine Einzelhändler. Schlachter, Geflügelhändler, Bäcker … Sie alle stellten sicher, dass die Speisen koscher waren, also ohne Schweinefleisch, auf eine besondere Art geschlachtet, und in der Küche wurde zwischen milchigen und fleischigen Speisen streng getrennt. Wir folgen der Rappstraße, stoßen auf die **Heinrich-Barth-Straße,** wo es am **Haus Nummer 5** in zwei übereinanderliegenden Wohnungen bereits 1885 eine erste Synagoge gab, und gehen links ein paar Meter die **Rutschbahn** hinunter, wo man am **Haus Num-**

mer 11 in einen Hinterhof schauen kann. Dort steht das erhaltene Gebäude einer weiteren kleinen Synagoge: die **Vereinigte Alte und Neue Klaus** mit Synagogenraum und Lehrsaal. Wir gehen wieder zurück und folgen der **Rutschbahn** jetzt in die andere Richtung, sodass wir am Ende auf einen kleinen Kreisverkehr und den **Arie-Goral-Platz** stoßen, der an den 1909 geborenen Maler und Friedensaktivisten Arie Goral-Sternheim erinnert. Fast seine ganze Familie verlor er im Holocaust. Trotzdem kehrte er in den 1950er-Jahren aus Israel nach Hamburg zurück, wo das Grindelviertel sein Lebensmittelpunkt wurde.

Vereinigte Alte und Neue Klaus

Vom Kreisverkehr aus geht es in die **Hartungstraße,** zum **Haus Nummer 9–11,** die heutigen **Kammerspiele 10.** 1863 von einem Hamburger Kaufmann erbaut, kaufte 1903 die jüdische **Henry-Jones-Loge** die Villa und baute sie weiter zu einem Logenheim mit zwei Festsälen, einem koscheren Restaurant, einem Logensaal sowie Bibliothek, Verwaltungs-, Unterrichts- und Begegnungsräumen. Während der Weltwirtschaftskrise ging das Haus an die Anthroposophische Gesellschaft. Ende 1935 lösten die Nationalsozialisten die Gesellschaft auf. Später kaufte es die „Jüdische Gemeinschaftshaus GmbH" und gestaltete es so um, dass ein Theater mit rund 450 Plätzen und großer Bühne entstand. Ein jüdisches Gemeinschaftshaus und Treffpunkt für alle noch in Hamburg lebenden Juden sollte es werden, doch 1941 wurde der Jüdische Kulturbund liquidiert, das Haus wurde zur Proviant- und Versorgungsstelle für die Deportationen und am 11. Juli 1942 zur Sammelstätte für einen der Hamburger Transporte nach Auschwitz.

Am 1. April 1945 beschlagnahmte die britische Militärregierung das Haus und richtete dort das Kabarett „Savoy" ein. Doch im Juli 1945 änderte sich alles: Da wandte sich die Hamburger Kulturverwaltung an die Briten, das Haus als einziges nicht zerstörtes Hamburger Theater für **Kammerspiele** freizugeben. Hinter dem Vorstoß stand die jüdische Schauspielerin Ida Ehre, die die Haft im KZ Fuhlsbüttel überlebt hatte und nun, unterstützt vom britischen Theateroffizier John Olden, nach einer Spielstätte suchte, um dem Publikum endlich die Stücke zu zeigen, von denen es zwölf Jahre lang ausgeschlossen war. Sie nannte es „Theater der Menschlichkeit" und wurde zur Legende, als sie den todkranken Dichter Wolfgang Borchert überredete, sein Antikriegsdrama „Draußen vor der Tür" für die Bühne umzuschreiben. Am 21. November 1947 war Premiere. Wolfgang Borchert starb kurz zuvor. Beide Porträts – Ehre und Borchert – sind am Eingang der Kammerspiele zu sehen.

Kammerspiele

Wenn wir nun die **Hartungstraße** weiter hinaufgehen, stoßen wir wieder auf die **Rothenbaumchaussee** und gelangen wenige Meter links zum Ausgangspunkt, der U-Bahn-Station Hallerstraße, zurück.

4 EPPENDORF

Start/Ziel: U-Bahn-Station Lattenkamp, 22299 Hamburg (GPS: 53.600415, 9.996595)
Länge: ca. 5,5 Kilometer
Dauer: ca. 2 Stunden
ÖPNV: Haltestelle Lattenkamp, U-Bahn-Linie U1
Parken: P&R-Parkplatz hinter dem U-Bahnhof, Lattenkamp, 22299 Hamburg

Unterwegs entdeckt:

1 Hayns Park
2 Willsches Palais
3 Johanniskirche
4 Seelemannpark
5 Holthusenbad
6 Kellinghusenpark
7 Eppendorfer Landstraße
8 Andreasbrunnen
9 Bronzeplastik „Mutter mit Kind"
10 Eppendorfer Mühlenteich

Essen + Trinken:

Wer im Sommer im Hayns Park unterwegs ist, findet in **Barmeiers Gartencafé,** Eppendorfer Landstraße 180, 20251 Hamburg, Tel. 040 51 77 07, einen schönen und zwanglosen Ort für die Rast. Alternativ bieten zahlreiche Läden und Cafés in der Umgebung Kuchen, Kaffee und sogar Picknick-Pakete „to go" an.
Wer es ganz traditionell und gediegen haben will, geht ins **Café Lindtner,** Eppendorfer Landstraße 88, 20249 Hamburg, Tel. 040 4 80 60 00 (www.lindtner.com/konditorei-lindtner/).

Auf den Spuren der Landhauskultur

Die Kutsche muss man nicht anspannen, wenn man heute nach Eppendorf will. Es reicht die blaue U-Bahn-Linie 1. Aber früher war das anders. Wo heute elegante Häuser und Parks sind, bauten damals reiche Hamburger ihre Landhäuser. Zuerst kleine Lauben, später prachtvolle Anwesen. Während die Männer in den Kontoren schwitzten, verließen vor allem Frauen und Kinder gerne die Enge der Stadt und genossen in den Sommermonaten das Landleben vor den Toren Hamburgs. Auch feine Gesellschaften trafen sich, Dichter, Denker und manch prominenter Gast. Machen wir uns also auf den Weg – und reisen auf diesen Spuren.

Wer den U-Bahnhof Lattenkamp zur **Bebelallee** hin verlässt, glaubt nicht, wie still und friedlich es wenige Meter weiter sein wird. Sobald man an der Ampel die viel befahrene Straße überquert, gegenüber in die **Straße Meenkwiese** hineingeht und nach dem Queren der Alster auf Höhe des Zebrastreifens links die Meenkwiese und damit den **Hayns Park** 1 betritt, heißt es aufatmen. Weite. Riesige alte Bäume. Und immer wieder der Blick auf die Alster und ihr in der Sonne glitzerndes Wasser. Dank einer privaten Initiative ist auf der Meenkwiese ein kreativer Garten entstanden. Der Blick auf die Beete, die von Paten kreiert und gepflegt werden, macht neugierig. Da gibt es Küchengärten, kleine Skulpturen, Kräuter, Gemälde, Schnullerbäume – lauter Themengärten an der alten Mauer zur Alster hin.

Gegärtnert wurde hier schon früher. Suchen wir uns also eine Bank mit Blick auf die Wiese, den Hügel und die dichten Baumkronen und reisen gedanklich in die Vergangenheit. Eine Reise in ein winziges Dorf, rund eine Stunde Fußweg vor den Toren Hamburgs: Eppendorf. Es mag so alt sein wie die Hansestadt. Womöglich älter. Urkundlich erwähnt wurde es erstmals 1140. Noch vor dem 17. Jahrhundert wurden hier Kräuter- und Nutzgärten angelegt. Zugleich war dies auch der Beginn einer Landhauskultur, die so attraktiv war, weil

Hayns Park, Meenkwiese

Monopteros

Eppendorf eine recht gute Infrastruktur hatte: Es gab eine Mühle, eine Kirche, einen Markt, einen Friedhof und einen mit Kutschen oder dem Pferdeomnibus befahrbaren Landweg nach Norden. Außerdem die zuerst mit Kähnen, später auch mit kleinen Dampfern schiffbare Alster. Und irgendwann sogar ein Kurbad.

In den Gärten wurden erste Gebäude für Wochenendaufenthalte gebaut, vor allem nach 1720 entstanden immer prunkvollere Parkanlagen und Landhäuser. Doch war es den Hamburgern nicht erlaubt, dort auch zu wohnen: Am Abend wurden die Tore geschlossen und die Bürger hatten in ihren Stadthäusern zu sein. Das änderte sich erst, als 1860 die Torsperre aufgehoben wurde.

1870 erreichte die Eppendorfer Landhauskultur ihren Höhepunkt – mit rund 30 amtlich registrierten Sommerhäusern oder Villen. 1873 kaufte schließlich auch der Senator Max Theodor Hayn seinen Landsitz. Auch wenn der Park, durch den wir jetzt weiterwandern, nicht mehr so aussieht wie der prachtvolle Garten von einst, so lässt er doch Raum für Erinnerung und Platz für Fantasie.

So ziehen wir also weiter, immer an der **Alster** und ihrer kleinen Mauer entlang, und verlassen die Meenkwiese, indem wir links vor dem grün gestrichenen **Bootshaus Barmeier** vorbeigehen. Wer hier nicht Rast machen will, geht weiter über die kleine Brücke und hinein in den anderen Teil des Hayns Parks mit großer Liegewiese, Planschbecken, Spielplatz – und dem **Monopteros,** dem Wahrzeichen des Parks.

Sollte nicht gerade ein verliebtes Paar dort sitzen oder – was durchaus vorkommt – ein Streichquartett darin spielen, setzen wir uns in den kleinen Tempel und fühlen uns wie einst Senator Hayn. Gemeinsam mit seiner Gattin Philippine saß er in dem halb offenen gemauerten und vermutlich im ersten Drittel des 19. Jahrhunderts erbauten Tempelchen und trank

Bootshaus Barmeier

seinen Nachmittagskaffee. Sein prunkvolles Landhaus gibt es heute nicht mehr. Und auch nicht die Orangerie, Tierställe, Gemüsebeete und kleinen Alleen. Nur das Tempelchen ist geblieben. Der in Breslau geborene Hayn war 1833 nach Hamburg gekommen, wurde Partner in einer Exportfirma, erwarb das hamburgische Bürgerrecht und wurde später Senator sowie Zweiter Bürgermeister. Er übernahm zahlreiche Funktionen, unter anderem die Verantwortung für die Waisenhäuser. Und da kommt dieses riesige Grundstück ins Spiel, auf dem wir sitzen. Dort gab es Feste für die Kinder. Sie rannten umher, spielten Topfschlagen, bekamen kleine Geschenke und zur Stärkung Kakao und Kuchen. Als alter Mann war der Senator immer häufiger in Eppendorf, denn er litt an Asthma, genoss die frische Luft. Noch am Abend bevor er im Juni 1888 an den Folgen eines nächtlichen Asthmaanfalls starb, soll er mit seiner Frau im Monopteros-Tempel gesessen und auf die Alster geschaut haben. Zunächst ging das Anwesen an seine Frau, später wurde es im Zuge der Kanalisierung der Alster zu einem öffentlichen Park mit Randbebauung und Gewerbeflächen. Vom alten Landsitz blieb nur wenig. Ein paar Bäume. Der Pavillon. Und viele Erinnerungen.

Willsches Palais

Wir verlassen den Park und laufen in den von hohen Hecken gesäumten Weg, der zwischen dem **Bootshaus Silwar** und dem Holzhaus des Kindergartens in Richtung Straßenkreuzung führt. Wir kommen an der **Ludolfstraße** an und gehen nach links bis zum Haus mit der Nummer 19: das **Willsche Palais 2.** Es ist das letzte noch erhaltene Landhaus in Eppendorf, denn alle anderen Anwesen mussten im Laufe

Kirche St. Johannis

der Jahre Wohn- und Mietshäusern weichen. Als der Besitzer das Anwesen 1881 erwarb, reichte das Grundstück noch bis an die Alster.

Laufen wir weiter, gehen wir direkt auf eine der schönsten Kirchen Hamburgs zu: die **Kirche St. Johannis 3.** Wegen der zahlreichen Hochzeiten, die in der kleinen Fachwerkkirche stattfinden, wird sie auch Hochzeitskirche genannt. An der Ampel kurz vor **Alma Hoppes Lustspielhaus** wechseln wir die Straßenseite und umrunden das hübsche Fachwerkkirchlein, das gleich an der Brücke über die Alster liegt. Eine alte Dorfkirche, die urkundlich erstmals 1267 erwähnt wurde, vermutlich aber viel, viel älter ist. Damals noch aus Holz gebaut, wurde sie im 14. Jahrhundert durch einen Brand zerstört. Wieder wurde eine hölzerne Kirche errichtet, die jedoch an der Westseite einen romanischen Feldsteinrundturm hatte, der 1751 mit Backsteinen ummantelt wurde – daher auch die schmiedeeiserne Jahreszahl 1751 an der Westseite des Turmes.

Gleich neben der Kirche steht das **Alte Pastorat.** Dort war **Samuel Heinicke** ab 1768 Kantor, Organist und Schulmeister. Er unterrichtete den taubstummen Sohn des Müllers und lehrte ihn ganze Sätze zu sprechen. 1774 reiste der russische Geheimrat Graf Vietinghoff mit seiner taubstummen Tochter an, die ebenfalls bei Heinicke das Sprechen lernte. Drei Jahre später folgte Heinicke dem Ruf des sächsischen Kurfürsten und gründete in Leipzig eine Taubstummenanstalt.

Das **Denkmal für Samuel Heinicke** steht im Park hinter der Kirche. Dieser ist nicht etwa nach dem berühmten Taubstummenlehrer benannt, sondern nach einem der Besitzer des Landhauses, das einst hier stand: Friedrich Wilhelm Conrad Seelemann. Und wer sich hier eine der Bänke mit Alstersicht sichert, kann ein bisschen träumen, wie es war, als hier im heutigen **Seelemannpark** 4 noch ein prachtvolles Landhaus stand: Das Grundstück gilt als ältester Landsitz Eppendorfs und hatte seit dem 16. Jahrhundert wechselnde Besitzer. Schon 1774 galt das Anwesen als äußerst prachtvoll. Am Ende einer kleinen Allee, direkt an der Alster, lag das aus Mauer- und Ständerwerk errichtete Wohnhaus mit steinerner

Alsterblick

Treppe und einer gläsernen, grün bemalten Flügeltür. Die Blütezeit des Landsitzes soll in der ersten Hälfte des 19. Jahrhunderts gewesen sein, als der Kaufmann Theodor Georg Gleichmann von Oven darin lebte und Künstler, Wissenschaftler und Staatsmänner empfing. Ähnlich ging es auch beim Kaufmann und Bankier Julius Alexander Schnars zu, der den Landsitz 1866 kaufte. Schnars' Tochter heiratete den Hauptmann der hamburgischen Garnison Friedrich Wilhelm Conrad Seelemann.

Später, als der Bebauungsplan von 1907 die Verlängerung der angrenzenden Heilwigstraße bis zur Kirche St. Johannis und außerdem Villen, Etagenhäuser und eine Hochbahnbrücke über die Alster vorsah, ging das Grundstück an die Stadt, die den nordöstlichen Teil des Anwesens 1909 instand setzte und der Öffentlichkeit zugänglich machte. Damals bürgerte sich der Name „Seelemanns Park" ein, der später auch offiziell übernommen wurde.

Die dichte Bebauung von damals sehen wir, wenn wir den Park verlassen, die **Heilwigstraße** überqueren und schräg gegenüber die **Kunhardtstraße** hinunterlaufen. Wir gelangen automatisch auf die **Kellinghusenstraße** und se-

Holthusenbad

hen links den gleichnamigen, zwischen 1909 und 1912 entstandenen U-Bahnhof und daneben das prachtvolle, 1914 erbaute **Holthusenbad 5.** Geplant wurde der prachtvolle Bau vom Architekten und damaligen Baudirektor und Leiter des Hochbauwesens in Hamburg, Fritz Schumacher. Es gilt als eines der ältesten Thermalbäder Deutschlands.

Genau gegenüber dem Bad führt vor der U-Bahn rechts ein Weg in den dritten und letzten großen Park unseres Spaziergangs hinein: den **Kellinghusenpark 6.** 1842 kaufte der Hamburger Bürgermeister Heinrich Kellinghusen das Anwesen, das seiner Frau und ihm im Revolutionsjahr 1848 zuweilen als sichere Zufluchtsstätte diente. Der Landsitz war stattliche 20.000 Quadratmeter groß. Wir laufen unter alten Bäumen hindurch, werden regelrecht verschluckt von dem großen, im vorderen Bereich von Häusern umsäumten Park. Früher wuchsen hier seltene Pflanzen, darunter auch die Kaktee „Königin der Nacht", deren Blüten sich nur einmal im Jahr öffnen, und das ausschließlich nachts. Ein Ereignis, das gemeinsam mit Freunden und Bekannten im Garten gefeiert wurde.

Reetdachkate im Kellinghusenpark

Auch hier wollen wir uns eine Bank suchen. Vielleicht mit Blick auf den kleinen Teich? Oder auf der großen Wiese mit Blick auf blühende Beete.

Der Garten soll eine Zierde gewesen sein: englischer Rasen, ein von Maulbeeren umranktes Gartenhaus, ein Treibhaus mit Halle für die Orangenbäume, mit Kalthaus zur Überwinterung der Azaleen und zwei Wärmehäusern. In dem wärmeren der beiden wuchs die „Königin der Nacht". Geblieben sind von damals einige uralte Bäume, außerdem ein

Kellinghusenpark

kleiner See und ein reetgedecktes Häuschen, das früher Kellinghusens Werkstatt und wohl auch mal ein Kuhstall war und heute vom Naturschutzverein BUND für die Jugendarbeit genutzt wird. Jedes Jahr im Mai zogen die Kellinghusens nach Eppendorf und verbrachten dort ihren Sommer. Als das Grundstück Ende 1925 an die Stadt ging, gab es große Diskussionen um die Bebauung. Von einer Straße mittendurch war die Rede. Und von der Frage, ob Randbebauung oder nicht. So, wie er heute ist, lieben die Eppendorfer ihren Park nun schon seit Jahrzehnten.

Geht man nun quer durch den Park auf die große vordere Häuserzeile zu, führt der Weg uns mitten durch die Häuser – und schwups, stehen wir auf der **Eppendorfer Landstraße 7.**

Sie ist der Mittelpunkt des Stadtteils. Früher wie heute. Damals gab es hier etwas, das sehr besonders war: Dazu gehen wir die Eppendorfer Landstraße ein ganzes Stück nach links hinunter bis zum Haus mit der Nummer 42. Dort steht ein Denkmal, das an den 1759 geborenen Weinhändler, Fabrikanten und Reeder **Georg Andreas Knauer** erinnert – und damit an den **Andreasbrunnen 8.** Knauer musste wegen eines Leberleidens häufig zur Kur fahren, was zu seiner Zeit immer eine beschwerliche Überlandtour war. Auf der Rückfahrt von Karlsbad machte er in Dresden Bekanntschaft mit der Möglichkeit, Mineralwasser auch künstlich herzustellen. Zurück in Hamburg errichtete er 1824 an der Eppendorfer Landstraße eine eigene Anlage zur Herstellung elf verschiedener Wasser, die Namen wie „Marienbader Kreuzbrunnen" oder „Schlesischer Oberbrunnen" trugen. In den Straßen hinter dem heutigen Denkmal legte er einen Park mit Kur- und Brun-

Eppendorfer Landstraße

Bronzeplastik „Mutter mit Kind"

nenhaus, 110 Zimmern für Gäste, Gartenwohnungen und einer Badeanstalt mit Badestuben, medizinischen Bädern und Duschbädern an. Er veranstaltete Bälle und in seinem Restaurant gab es vorzügliches Essen und die besten Weine. In lauen Sommernächten ließ er seine Gäste in beleuchteten Gondeln über die Alster bringen. Auch nach Knauers frühem Tod 1828 führte seine Familie den **Andreasbrunnen** weiter. Und auch als die Wege in die echten Kurorte durch die Eisenbahn nicht mehr beschwerlich waren und Eppendorf als „Bad" nicht mehr attraktiv war, kamen die Menschen am Wochenende und sahen Park und Restaurant als wunderschönes Ausflugsziel vor den Toren der Stadt.

Gehen wir wieder zurück, die Eppendorfer Landstraße entlang, die bis spät ins 19. Jahrhundert hinein gar keine befestigte Straße war. Hier rumpelten Pferdekutschen entlang und erst nach und nach etablierten sich neben kleinen Katen auch Lebensmittelgeschäfte, Tanzlokale, erste Kinos und Gastwirtschaften. Richtig prunkvoll wurde die Eppendorfer Landstraße erst später, um die Jahrhundertwende, als großbürgerliche Etagenhäuser mit strahlend weißem Stuck, kleinen Erkern und Türmchen gebaut wurden. Heute gibt es längs der Straße teure Boutiquen und kleine Cafés und jedes Jahr Anfang Juni ein großes Straßenfest. Links erstreckt sich bald der **Marie-Jonas-Platz** in moderner Architektur. Früher einmal war ungefähr dort der Friedhof der Eppendorfer.

Auf dem Marie-Jonas-Platz findet dienstags, donnerstags und samstags ein toller Bio-Wochenmarkt statt.

Etwas weiter rechts, an der Eppendorfer Landstraße 88, steht seit mehr als 80 Jahren das Stammhaus des **Café Lindtner,** hinter dessen mächtiger Drehtür sich nicht nur traumhafte Torten verbergen, sondern auch ein Gastraum, in dem die Zeit stehen geblieben scheint. Schräg gegenüber dem Café ist ein kleiner Grünstreifen, der **Rosengarten.** Darin steht die zierliche, 1994 vom Hamburger Künstler Ernst A. Nönnecke gefertigte **Bronzeplastik „Mutter mit Kind" 9.** Eine schwangere Frau und ihr Kind inmitten von Bombentrümmern. Das Denkmal erinnert an den Dramatiker und Schauspieler **Wolfgang Borchert,** der 1921 in Hamburg-Eppendorf geboren wurde und 1947 starb, und an sein Gedicht gegen den Krieg: „Sag nein!".

Mühlenteich

Tierischer Wechsel: Haben die Schwäne den Mühlenteich im Frühling verlassen, sind die Ufer schon bald voller süßer Entenküken.

Noch ein Stück weiter kommen wir zum **Busbahnhof,** wo wir die Straße an der großen Kreuzung überqueren und der Eppendorfer Landstraße, die hinter dem Gebäude der Haspa weitergeht, folgen. Wir kreuzen an der nächsten Ampel den befahrenen **Lokstedter Weg** und gehen weiter die Eppendorfer Landstraße entlang, die nun immer mehr zu einem Wohnsträßchen wird. Automatisch laufen wir wieder auf die **Meenkwiese** zu, zu der es rechts über einen Bürgersteig geht. Wir beenden unseren Spaziergang aber noch nicht, sondern wenden uns nach links zum durch die Bäume schimmernden **Eppendorfer Mühlenteich 10:** noch eine grüne Oase, die an das Eppendorf von einst erinnert. Der Weg rund um den Mühlenteich ist wunderschön. Und zwei Sehenswürdigkeiten gibt es dort auch: zum einen die alte, nicht unbedingt schöne **Mühlenteich-Brücke.** Ein Bauwerk der Nationalsozialisten, das 1939 für 1,2 Millionen Reichsmark fertiggestellt wurde und über das heute ab und an noch ein Güterzug rumpelt. Und – viel schöner – die abgesperrte Zone im Teich, in der die Alsterschwäne überwintern. Denn wenn es draußen zu kalt wird, schippert der Schwanenvater mit den Tieren im Boot zum Mühlenteich, wo die **Alsterschwäne** in einem eingezäunten Bereich, der durch eine Umwälzpumpe eisfrei gehalten wird, den Winter verbringen.

Und dann? Geht es wieder zurück über die Ampel auf die **Meenkwiese.** Vorbei an den kreativen Gärten und die Straße zurück in die U-Bahn-Station Lattenkamp. Ohne Kutsche. Aber mit dem Gefühl, ein bisschen durch die Zeit gereist zu sein.

Fünf

LERNORTE IN DER NATUR

Mitten in der Stadt kann man in Hamburg viel lernen: über Tiere und Natur, Umweltschutz und ein nachhaltiges Leben.
Das Haus der BUNDten Natur liegt auf unserem Spaziergang durch Eppendorf im Kellinghusenpark und wird vom BUND für die Kinder- und Jugendarbeit betrieben. Veranstaltungen für alle gibt es im ganzen Stadtgebiet: www.bund-hamburg.de/themen/umweltbildung/haus-der-bundten-natur/
Das BrookHus, Duvenstedter Triftweg 140, Tel. 040 6 07 24 66, wird vom NABU betrieben, der rund ums Jahr überall im Stadtgebiet Veranstaltungen und Exkursionen anbietet: https://hamburg.nabu.de
Das Gut Karlshöhe, Karlshöhe 60 d, Tel. 040 63 70 24 90, ist ein Umweltzentrum in Bramfeld, in dem man sich zwischen Natur und Tieren über Nachhaltigkeit und Umweltschutz informieren kann: https://gut-karlshoehe.de
Im Haus der Wilden Weiden, Eichberg 63, Tel. 040 18 04 48 60 15, in Rahlstedt gibt es eine interaktive Ausstellung über die Natur der Wilden Weiden am Höltigbaum: www.hoeltigbaum.de/startseite
Im Fischbeker Heidehaus, Fischbeker Heideweg 43 a, Tel. 040 73 67 72 30, informiert die Loki Schmidt Stiftung über die Landschafts- und Kulturgeschichte der Heide: www.loki-schmidt-stiftung.de/infohaeuser/fischbeker_heide/

5 STADTPARK UND ALSTER

Start/Ziel: U-Bahn-Station Borgweg, 22303 Hamburg (GPS: 53.590846, 10.015504)
Länge: ca. 9 Kilometer
Dauer: ca. 4 Stunden
ÖPNV: Haltestelle Borgweg, U-Bahn-Linie U3
Parken: Borgweg oder Wiesendamm, 22303 Hamburg

Unterwegs entdeckt:

1 Stadtparksee
2 Sondergärten
3 Planetarium
4 Magazin-Filmkunsttheater
5 Grünzug Bebelallee
6 Leinpfad
7 Krugkoppelbrücke
8 Goldbekufer

Essen + Trinken:

Der Biergarten am Stadtparksee mit zünftiger Selbstbedienung bietet den vielleicht schönsten Ausblick in den Sonnenuntergang: **Sierichs Biergarten,** Südring 5b, 22303 Hamburg, Tel. 040 65 03 10 00 (www.sierichs.de). Direkt auf dem Alsteranleger liegt das **Café Leinpfad,** Leinpfad/Ecke Hudtwalckerstraße, 22299 Hamburg, Tel. 040 46 48 56 (www.cafe-leinpfad.de).

Wiesen, Wald und Wasser

Auf dem Weg vom Stadtpark bis an die Alster wird einem erst richtig bewusst, wie grün die Stadt ist. Und wie schön. Und wie wunderbar es ist, dass man mitten in der Großstadt immer wieder das Gefühl hat, eigentlich gerade Urlaub auf dem Land zu machen. Denn schließlich ist es nicht selbstverständlich, dass man auf einem einzigen langen Spaziergang mitten in der City gleich alles hat: Wiesen, Weite, Wald, Wasser, aber auch Kultur und Geschichten, Blumen und Tiere, Laubenpieper, blühende Vorgärten – und: Erholung.

Wir starten unseren Spaziergang an der U-Bahn-Haltestelle **Borgweg,** die wir in Richtung Stadtpark verlassen. Wir sind in **Winterhude,** einem Stadtteil mit vielen Gesichtern. Knapp 55.000 Menschen leben hier auf rund 7,6 Quadratkilometern. Es gibt prächtige Gründerzeitvillen, an der Alster schmucke Anwesen mit Ufergrundstück, es gibt aber auch riesige Rotklinkerbauten, alte Industrieanlagen und teils mondäne Einkaufsstraßen. Ein Stadtteil, der so unterschiedlich ist, dass wir auf diesem Spaziergang nicht alles entdecken können. Daher haben wir uns das herausgesucht, was grün ist. Und auch davon gibt es viel.

Wir überqueren den **Borgweg** und gehen in den **Goldbekweg,** der parallel zu den U-Bahn-Gleisen verläuft und auf dem **Wiesenstieg** endet. Dort laufen wir nach links, immer geradeaus den kleinen Berg hinauf und genau durch die „Kleingartenkolonie Borgweg e.V. Nr. 417". Ein **Kleingartenverein,** den es schon seit 1919 gibt. 140 Parzellen, die sich zwischen Saarlandstraße und Borgweg auf insgesamt über vier Hektar Fläche erstrecken und ein Beispiel für die Begeisterung für Kleingärten in der Stadt sind – damals genauso wie heute. Ab und an kann man zwischen hohen Hecken einen Blick auf gar nicht spießige, sondern richtig idyllische und naturnahe Gärtchen werfen. Dann stößt man auch schon auf den **Südring,** den wir überqueren. Gleich gegenüber ist einer

Liebesinsel Stadtparksee

der Eingänge zum **Stadtpark.** Wir allerdings gehen nicht in den Park hinein, sondern rechts in den Weg, der den Stadtpark umrundet. Bäume schlucken den Lärm des Südrings, der jetzt rechts von uns liegt. Zu unserer Linken können wir immer wieder einen Blick in den Park hinein werfen. Vor allem auf die **Liebesinsel** im **Stadtparksee** **1**, auf der man sich Boote und Bretter fürs Stand-up-Paddeln leihen oder einfach nur in der Sonne dösen kann.

Über eine Brücke kreuzen wir den **Goldbekkanal,** der an dieser Stelle in den **Stadtparksee** fließt. Und schon bald kommen wir zu einem von Hamburgs schönsten Biergärten: dem Sierichs. Und wer nicht gleich dort Rast machen und den Blick über den Park genießen will, der läuft am Sierichs vorbei, direkt auf den **Modellboot-Teich** zu. Ein rundes Wasserbecken mit einem Durchmesser von 40 Metern. Nur knietief und damit perfekt für alle, die ihre Modellboote ausprobieren wollen. Willkommen ist jeder – vom selbst gebauten Dreimaster bis zum Lego-Schiff.

Ursprünglich stand an dieser Stelle das prunkvolle Hauptgebäude des Parks: die Stadthalle mit Hauptsaal und Nebensälen, Terrassen und Restaurant und Platz für 10.000 Menschen, die im Zweiten Weltkrieg jedoch zerstört und 1951 endgültig abgerissen wurde. Geblieben ist der Blick auf den Park. Und am Abend auf einen großartigen Sonnenuntergang. Deshalb halten wir hier schon einmal inne, suchen uns eine Bank und schauen auf die weite Hauptachse, die dem Park Struktur gibt und sich über 1,4 Kilometer vom Stadtparksee über die große Fest- und Liegewiese bis zum Planetarium erstreckt. Der Stadtpark ist mit seinen rund 150 Hektar Fläche etwa so groß wie das Fürstentum Monaco. Es gibt rund 200 Stauden- und 30 Blumenarten, außerdem zahlreiche Sondergärten, einen Wald, Spielplätze, Freilichtbühne, Liegewiesen und den Stadtparksee, der von alten Kaimauern aus Klinker umfasst wird.

Der Park, der europaweit als eines der bedeutendsten Gartenkunstwerke der 1920er-Jahre gilt, ist aus einem Jagd-

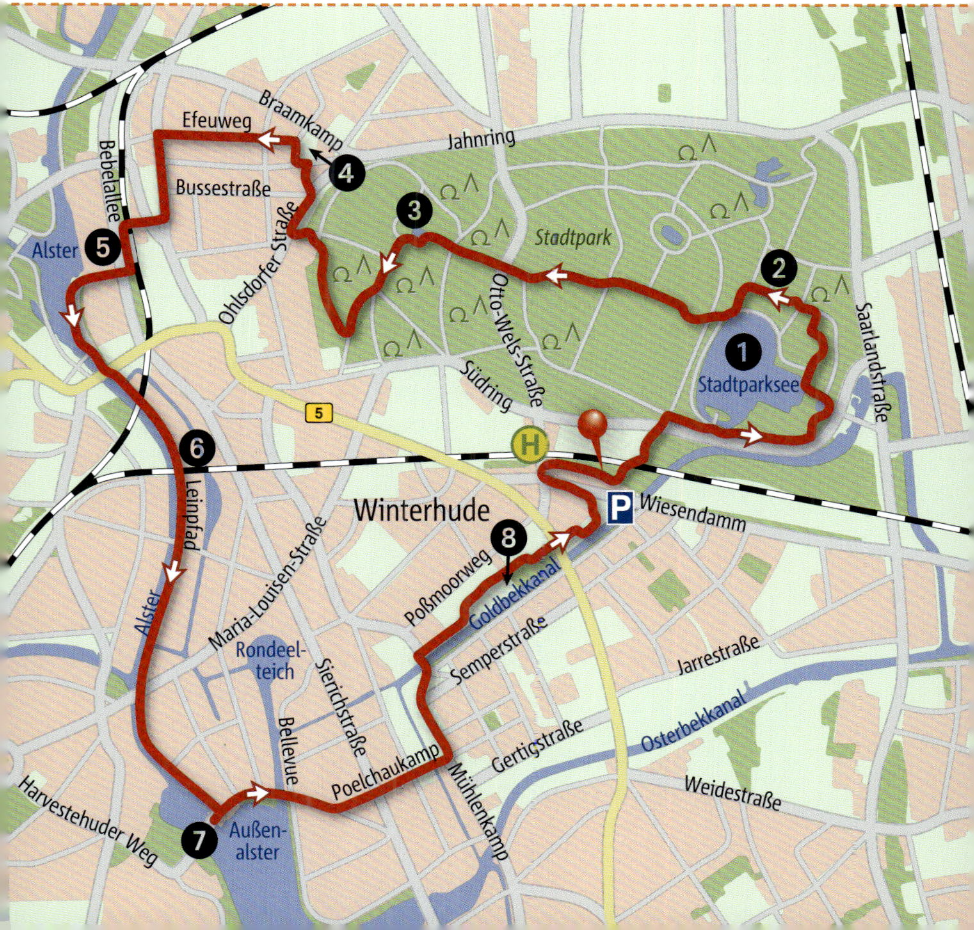

5 STADTPARK UND ALSTER

Ufer des Stadtparksees

revier entstanden. Er war das „Gehölz" der reichen Familie Sierich. Ein von einem hohen Zaun umgebener Wald, in dem Hasen und Rehe für die Jagd angesiedelt wurden und den auch die normalen Bürger für eine Jahresgebühr zum Spazierengehen nutzen konnten. 1902 dann erwarb die Stadt das Gelände und kaufte noch Land hinzu, denn durch den starken Zuzug in die damaligen Randgebiete, zu denen Winterhude zählte, hatte man sich bereits in den späten 1890er-Jahren Gedanken darüber gemacht, was man für die Menschen und gegen den Grünflächenmangel östlich der Alster tun konnte. Wie genau der Park gestaltet werden sollte, wurde damals groß diskutiert. Dabei stand Baudirektor Fritz Schumacher für eine sehr klare räumliche Gestaltung, der Oberingenieur Ferdinand Sperber für den alten landschaftlichen Stil. Schumacher setzte sich durch und vollzog damit eine Art Wandel: vom öffentlichen Park des 19. Jahrhunderts zum modernen Volkspark des 20. Jahrhunderts. 1914 wurde der in seinen Grundzügen fertiggestellte Park eröffnet, der zum Gartenbaudirektor ernannte Otto Linne widmete sich der weiteren Ausgestaltung. Richtig vollendet war der Park 1929, wurde aber nach dem

Ein Teil des Stadtparksees ist auch ein beliebtes Freibad.

Zweiten Weltkrieg und vielen Zerstörungen immer wieder verändert und erweitert.

Wir gehen weiter, ein Stück am See entlang über die Kaimauer und dann rechts den schmalen Weg entlang, immer geradeaus auf die **Sondergärten** **2** zu. Als Erstes begegnet uns dort Diana, die Göttin der Jagd und Schutzpatronin der Frauen, auf einer Hirschkuh sitzend. Eine 1910 entstandene Skulptur des 1872 geborenen Künstlers Georg Wrba. Hinter dem **Dianagarten** biegen wir links ein und stehen bald vor dem **Heckengarten** mit den Figuren von Adam und Eva, der sich seit mehr als 100 Jahren kaum verändert hat. Kunstvoll geschnittene Hainbuchenhecken mit den beiden Marmorskulpturen des Hamburger Bildhauers Oscar E. Ulmer darin. Dazwischen bunte Beete. Und der sogenannte **Senkgarten** hinter der Heckenwand, alles umschlossen von hohen Laubbäumen. Dahinter laufen wir direkt weiter auf den **Pinguinbrunnen** zu. Ein Blutbuchenrondell, in dessen Mitte man über vier Stufen in einen abgesenkten Garten gelangt mit einem

Dianagarten

Pinguinbrunnen

kleinen, in ein größeres Becken gestellten achteckigen Brunnentrog, um den sechs Pinguinfiguren hocken. Dahinter kommt man gleich in den großen **Rosengarten,** der 1925 nach Plänen von Otto Linne angelegt wurde. Ein Ort mit klarer Struktur: vier quadratische Teilgärten mit rechteckigem oder kreisförmigem Innengrundriss und Wasserbecken und Hecken.

Dass es im Stadtpark nicht nur besondere Gärten und zahlreiche Pflanzen gibt, sondern auch mehr als 20 unterschiedliche Kunstwerke, geht auf die Initiative Alfred Lichtwarks zurück, der ab 1886 der erste Direktor der Hamburger Kunsthalle war und dessen Ziel es war, eine Art Freilichtmuseum zu schaffen, damit auch das einfache Volk Zugang zur Kunst bekam.

Hinter dem Rosengarten gehen wir links, wieder auf den Stadtparksee zu, dann rechts an seinem Ufer entlang, bevor sich die riesige Fläche der Fest- und Liegewiese vor uns auftut. Über die gehen wir jetzt einfach hinüber. Querfeldein. Immer auf das Planetarium zu. An der Stelle, bevor wir über den Zebrastreifen die **Otto-Wels-Straße** überqueren, begrüßen uns noch rechts und links die **Badenden Frauen** aus Muschelkalk des 1877 geborenen Berliner Bildhauers Georg Kolbe, die den Übergang von der Wiese zum **Planetarium** 3

Rosengarten

Planetarium

Märchenfiguren

markieren – eines der Herzstücke des Parks. Das **Planetarium** befindet sich in einem alten, rund 65 Meter hohen Wasserturm mit Aussichtsplattform, der zwischen 1912 und 1915 nach Plänen des Dresdener Architekten Oscar Menzel erbaut wurde.

Wir wenden uns links am **Planetarium** vorbei hinein in den dichten Wald, immer geradeaus, am Spielplatz vorbei und auf die **Jahn-Kampfbahn** zu, die in den 1920er-Jahren für große Sportwettkämpfe gebaut wurde und damals Platz für rund 25.000 Menschen bot. Wir gehen am **Linnering** links durch den Trampelpfad, stoßen auf die **Ohlsdorfer Straße,** die wir überqueren und ein Stück rechts hinaufgehen. Links führt uns der Weg dann in die **Bussestraße** und direkt wieder rechts unter einem Hauseingang hindurch und durch einen Innenhof in die **Baumtwiete,** dann ein paar Meter links den **Baumkamp** hinunter und gleich wieder rechts in die Straße **Fiefstücken.** Über sie kommen wir zum **Magazin-Filmkunsttheater 4,** das sich in einer Wohnanlage befindet, die früher von Fritz Schumacher als Heimstätte für einfache Arbeiter- und Rentnerfamilien konzipiert worden war. Für uns der Moment, vom weiten Blick des Parkspaziergangs genauer

Magazin-Filmkunsttheater

Grünzug Bebelallee

in die Vorgärten zu schauen, denn rund um das Kino kann man in den Vorgärten **Märchenfiguren** entdecken, die um 1931 der Bildhauer Richard Kuöhl angefertigt hatte: Der Rattenfänger von Hameln, Rotkäppchen und der Wolf, Brüderchen und Schwesterchen, Hans im Glück, Die Gänsemagd und Hänsel und Gretel.

Alle gefunden? Dann gehen wir jetzt weiter den **Efeuweg** hinunter. Wenn wir dann unten auf die **Alsterdorfer Straße** treffen, gehen wir diese links hinunter, bis rechts die Straße Lattenkamp und gleich auch an der Ecke der **Lattenkampstieg** beginnt. Durch einen kleinen Durchgang führt er uns unter den U-Bahn-Gleisen hindurch auf die Bebelallee. Die ist eigentlich nicht eben schön, aber selbst sie ist grün, denn parallel zu den Gleisen verläuft ein schmaler Park, der **Grünzug Bebelallee 5.** Ein Beispiel für die reformierte Gartenkunst nach der Jahrhundertwende und ein Park mit regelmäßigen, geometrischen Formen, 1,2 Hektar lang und zwischen den U-Bahnen Lattenkamp und Hudtwalckerstraße zwischen Bahndamm und Bebelallee gelegen. Heute ist nicht mehr alles erhalten wie einst, doch fallen die Bögen aus Hainbuchen auf, durch die man immer wieder geht.

Auf Höhe des Spielplatzes wechseln wir die Straßenseite und gehen in die Straße **Winterhuder Kai.** Sie führt uns an die **Alster,** wo wir nicht nur einen wunderschönen Blick hinüber zum **Hayns Park** mit Monopteros-Tempelchen haben (siehe auch Spaziergang 4), sondern können auch über die hübsche Liegewiese gehen, die Teil des Alstergrünzugs ist, der im Zuge der Alster-Kanalisierung bis in die späten 1920er-Jahre entstand und sich wie ein grünes Netz an den Ufern des Flusses erstreckt. Am Ende der Liegewiese endet der Winterhuder Kai mit einem kleinen Wendehammer. Dort kann man über einen Trampelpfad am Winterhuder Fährhaus vorbei zur stark befahrenen **Hudtwalckerstraße** gehen. Die müssen wir nur kurz überqueren, dann wird es wieder still, denn gleich gegenüber folgen wir der Alster weiter: auf dem idyllischen **Leinpfad 6.**

Leinpfad

Am Beginn des Leinpfads legen auch die Alsterdampfer ab.

Der erinnert an die Zeit, als am alten Alsterlauf noch Lastkäne mithilfe einer Leine entlang des Uferpfades getreidelt, also von Hand oder mithilfe des Pferdes flussabwärts gezogen wurden. Als die Alster zwischen Winterhude und Fuhlsbüttel ab 1914 schrittweise kanalisiert wurde, entstanden prächtige wassernahe Villen, die man nun in Ruhe betrachten kann mitsamt den imposanten Gärten, zum Teil mit alten Lauben oder eigenen Bootsanlegern.

Zuerst kreuzen die Gleise der U-Bahn die Alster, dann die **Goernebrücke** und später die **Streekbrücke,** von der aus wir zum **Heilwigpark** schauen können, der unmittelbar an der Einmündung des **Isebekkanals** in die Alster liegt und sogar einen eigenen kleinen Anleger hat. Weiter gehen wir den Lein-

Blick von der Krugkoppelbrücke

Goldbekufer

pfad entlang, bis dieser an der wunderschönen **Krugkoppelbrücke** 7 endet. Die 72 Meter lange Brücke entstand zwischen 1927/28 nach Plänen von Fritz Schumacher und Gustav Leo und besteht aus drei eingespannten Korbbogengewölben aus Eisenbeton. Die Brüstung ist mit Klinkerkeramik und Terrakotten, die Weinranken und Meerwesen zeigen, verblendet. Die Brückenpfeiler haben Muschelornamente und die Brüstung trägt das Wappen Hamburgs. Auf diese Brücke stellen wir uns – und schauen in die Weite. Denn hier beginnt die riesige Außenalster. Wasser, so weit das Auge reicht.

Am Goldbekufer gibt es dienstags, donnerstags und samstags von 8.30 bis 13 Uhr einen beliebten Wochenmarkt.

Um nun zu unserer letzten Station zu kommen, müssen wir links abbiegen und über die Straße **Fernsicht,** die dann zur **Gellertstraße** wird, dann links in den **Poelchaukamp** abbiegen und von diesem dann links in den **Mühlenkamp** und bis hinüber zum **Goldbekplatz** laufen. Der Platz unter alten Bäumen ist der Beginn der Straße **Goldbekufer** 8**,** die sich parallel zum **Goldbekkanal** erstreckt.

Wir laufen das gesamte Goldbekufer hoch, wobei man sich entscheiden kann, ob man auf der linken Seite entlang eines Trampelpfades oder rechts entlang der Straße **Goldbekufer** geht. Auf beiden Seiten entdeckt man Kleingärten und idyllische Bootsanleger. Dann kreuzen wir die **Barmbeker Straße** und laufen weiter bis zum Wiesendamm, auf den wir links abbiegen, um wieder auf den Borgweg und damit zur gleichnamigen U-Bahn-Station zu gelangen, unserem Start- und Zielpunkt.

Fünf Ideen für

NOCH MEHR GENUSS IM STADTPARK

Wer sich auf dem Weg durch den Stadtpark mehr Zeit lassen möchte, kann noch vieles ausprobieren und entdecken:

Pilgern mitten in der Stadt – im Stadtpark ist das kein Problem. Im Café Trinkhalle am Stadtparkeingang Borgweg beispielsweise und auf der Seite www.kirche-hamburg.de/kooperationen/stadtpark-kirchen.html bekommt man den Plan mit allen Stationen des sehr entspannenden Weges.

Verlieben kann so einfach sein, wenn man auf der Liebesinsel am Südring die Sonne genießt oder sich dort ein Bötchen leiht und damit den Stadtparksee erkundet (www.stadtparksee.de).

Musik hören und dabei faul auf der Wiese liegen ist im Sommer auch ohne Eintrittskarte möglich, denn die Konzerte auf der Open-Air-Bühne klingen sanft über die Liegewiese. Und die Bands auf der Bühne sind nicht selten hochkarätig (www.stadtparkopenair.de).

Fit werden kann man im Stadtpark nicht nur beim Joggen. Denn gleich neben dem Planetarium gibt es einen Fitness-Park unter freiem Himmel – mit Gewichten, Balken, Seilen und einem wunderbaren Blick in die Bäume.

Schaukeln können im Stadtpark auch Erwachsene, denn gleich neben dem großen Planschbecken mitten im Park gibt es eine riesige Schaukel, auf der man über einen Graben auf die andere Seite schweben kann. Das ist auch für große Leute ein kleines Abenteuer.

6 HAFENCITY

Start/Ziel: U-Bahn-Station Hafencity-Universität, 20457 Hamburg (GPS: 53.540657, 10.006994)
Länge: ca.4,3 Kilometer
Dauer: ca. 1,5 Stunden
ÖPNV: Haltestelle Hafencity-Universität, U-Bahn-Linie U4
Parken: Tiefgarage, Hongkongstraße 6A, 20457 Hamburg

Unterwegs entdeckt:

1 Haltestelle Hafencity-Universität
2 Lohsepark
3 Ökumenisches Forum
4 Elbarkaden
5 Kaispeicher B
6 Überseeboulevard
7 Magellan-Terrassen
8 Elbphilharmonie

Essen + Trinken:

Passt genau zum Thema unseres Spaziergangs: **Nissis Kunstkantine,** Am Dalmannkai 6, 20457 Hamburg, Tel. 0160 93 81 67 83 (www.nissis-kunstkantine.de), ist sowohl Restaurant als auch Galerie. Im Hotel 25hours Hafencity kann man nicht nur toll übernachten, sondern auch Bücher shoppen und im Restaurant **Heimat,** Überseeallee 5, 20457 Hamburg, Tel. 040 2 57 77 78 40 (www.heimatrestaurant.com), fantastisch essen.

Kunst und Kultur

Ein Stadtspaziergang durch die Hafencity, Hamburgs jüngsten, immer noch wachsenden Stadtteil? Da denken viele zuerst an das Thema Zukunft. Womöglich auch an Nachhaltigkeit, energetisches Bauen, an Architektur. Wir wollen auf unserem Weg etwas ganz anderes entdecken: die vielen kleinen Galerien, inspirierenden Kunstobjekte, Ausstellungen und viele weitere kulturelle Highlights, die plötzlich da sind, wo auch so schon viel Neues entsteht.

Zwölf riesige, sechs Tonnen schwere Leuchtcontainer an der Decke tauchen die **Haltestelle Hafencity-Universität** 1 in wechselndes farbiges Licht. Der perfekte Ort, um sich gleich beim Aussteigen auf unseren Weg einzustimmen. Und wer den Spaziergang am Wochenende oder an einem Feiertag zwischen 10 und 18 Uhr zur vollen Stunde beginnt, sieht nicht nur ein farbiges Lichtermeer, sondern hört auch darauf abgestimmte Klänge. Musik von Verdi und Bach. Die jeweilige Stimmung des Lichtes ist sowohl der Tages- oder Jahreszeit als auch dem Wetter angepasst und wird von den Wandmetallplatten reflektiert. Für diese außergewöhnliche Installation wurde der vom Architekturbüro Raupach, dem Lichtplanungsbüro Pfarré Lighting Design und den Industriedesignern Stauss & Pedrazzini gestaltete U-Bahnhof 2013 von der „International Association of Lighting Designers" mit dem „Radiance Award for Excellence in Lighting Design" ausgezeichnet.

Wir verlassen den Bahnhof in Richtung **Lohsepark** 2, kreuzen die **Überseeallee** und stehen vor dem mit vier Hektar größten Park der Hafencity. Wir schlendern am besten mittendurch. Über kleine Wege. Vorbei an Spielgeräten, an Bäumen und Sitzgruppen. Ruhe und Entspannung mitten in einer der größten Baustellen Europas, zwischen deren Häusern noch immer die Kräne ragen, der Bauschutt rieselt und dicke Lastwagen für Lärm sorgen. Ein Moment zum Innehalten und um sich bewusst zu machen, dass dieses Ende der 1990er-Jahre erstmals angekündigte und 2008 gegründete Mega-

6 HAFENCITY

Lohsepark

Projekt **Hafencity,** das voraussichtlich um das Jahr 2030 herum fertiggestellt sein wird, schon jetzt voller Leben ist. Ein komplett neu entstandener Stadtteil, geplant auf einer für den Hafen nicht mehr benötigten Fläche von rund 2,2 Quadratkilometern auf dem Gebiet des **Großen Grasbrooks,** dem nördlichen Teil der ehemaligen Elbinsel Grasbrook, und der **Speicherstadt.** Bis zu 15.000 Menschen sollen hier einmal in rund 7500 Wohnungen leben. Es soll rund 3000 Hotelzimmer und Arbeitsplätze für 45.000 Menschen geben. Schon jetzt leben mehr als 5000 Menschen in der Hafencity, viele von ihnen in äußerst luxuriösen Wohnungen. Es gibt mehr als 40 unterschiedliche Möglichkeiten, morgens frühstücken zu gehen. Es gibt Universitäten, Kindergärten, erste Schulen und – ganz viele Orte, an denen man spürt, dass Kultur im weitesten Sinne einfach so entsteht. Das fängt bei vielen kleinen Galerien und Büroprojekten für Kreative an, geht weiter bei Museen und endet bei Kunst im öffentlichen Raum, außergewöhnlichen Buchhandlungen, einem für Hamburg einzigartigen Kino und bei Hotels, die ihre eigene

Geschichte erzählen. Ach, und die Elphi nicht zu vergessen, dieses in jeder Hinsicht so besondere Bauwerk, das all die anderen Gebäude überragt. Hamburgs neues Wahrzeichen.

Nun aber gehen wir weiter, den **Lohsepark** längs. Und laufen genau auf das **denk.mal Hannoverscher Bahnho**f zu. Mit Infotafel, Gedenkstätte mit Namenstafeln und einer Fuge, die vom einstigen Vorplatz des Bahnhofs quer durch den Lohsepark führt. Es ist der Gleisverlauf der Züge, in denen zwischen 1940 und 1945 insgesamt 8071 Juden, Sinti und Roma aus Hamburg und Norddeutschland in 20 Eisenbahntransporten in Gettos und Vernichtungslager in Ost- und Mitteleuropa transportiert wurden. Für fast alle die Fahrt in den Tod.

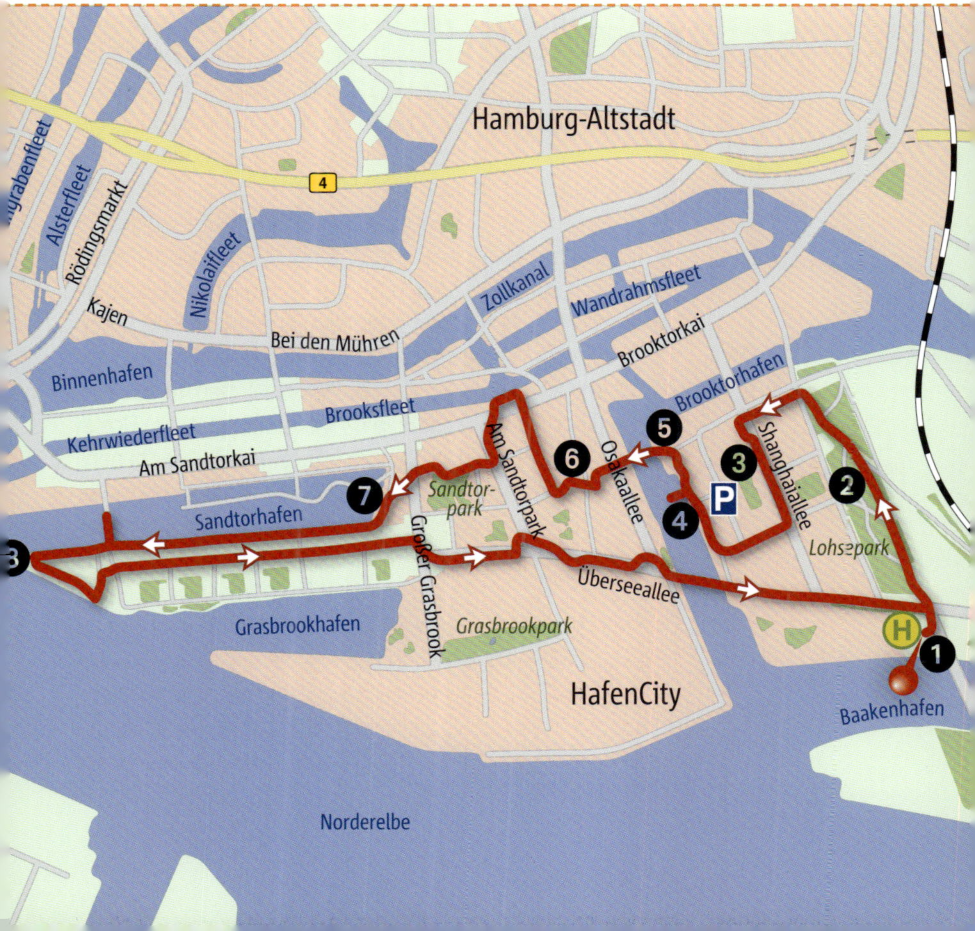

Am oberen Ende des Lohseparks laufen wir links über **Stockmeyerstraße** und Koreastraße auf die **Shanghaiallee** zu, wechseln die Straßenseite und laufen links wieder hinunter. Spätestens ab jetzt sollte man auch immer die Häuserwände hinaufgucken, mit den Augen auf Entdeckungsreise gehen, denn die Wohnungen in der Hafencity sind außergewöhnlich, die Gebäude von renommierten Architekten gebaut.

Im denkmalgeschützten Gebäude Shanghaiallee 7 ist das Automuseum Prototyp, in dem man rund 50 seltene Sport- und Rennwagen der vergangenen Jahrzehnte bestaunen kann.

Nicht erschrecken, wenn jetzt plötzlich am Haus mit der **Nummer 12** ein Bogen in der Hauswand ist. Das gehört so. Wir stehen nämlich vor dem **Ökumenischen Forum 3**, einem weltweit einmaligen Projekt, denn an diesem Ort treffen 21 Kirchen der Welt zusammen, darunter die Baptisten in Hamburg, die Evangelisch-Lutherische Kirche in Norddeutschland, die Serbisch-Orthodoxe Kirche, die Äthiopisch-Orthodoxe Tewahedo-Kirche, die Mennonitengemeinde zu Hamburg und Altona und die Russisch-Orthodoxe Kirche des Moskauer Patriarchats. Es gibt ein Lernhaus, ein Wohnhaus, ein Café und eben das Bethaus: eine Kapelle, die Grund für den Bogen in der Hauswand ist, denn so wird Platz geschaffen für eine Glocke. Gleich vom Bürgersteig ist man mit nur einem Schritt im Vorraum, in dem ein Taufbecken steht. Dahinter geht es in die Kapelle, deren Türen mit der Charta Oecumenica in mehreren Sprachen bedruckt sind. Im Innern ist alles in ein strahlendes, warmes Gold getaucht. Es gibt ein Kreuz, ein Lesepult und einen massiven Altar, der wie eine Mischung aus Tisch und Opferstätte aussieht. Ein Ort für alle, die kurz innehalten wollen.

Ökumenisches Forum

Elbarkaden

Wieder draußen auf der **Shanghaiallee** laufen wir weiter die Straße hinunter und biegen dann rechts in die **Hongkongstraße** ein, von der es rechts in die **Elbarkaden** 4 geht. Sie sollen ein elbnahes Gegenstück zu den Alsterarkaden sein, sind aber bei Weitem nicht so elegant. Eher modern, klar und lichtdurchflutet. Gleich am Anfang finden wir die **Zentrale von Greenpeace,** die man schon aus der Ferne an den drei Windrädern auf dem Dach erkennt. Das energieeffiziente Haus hat im Foyer eine kostenlose und spannende Dauerausstellung zu Geschichte und Kampagnen von Greenpeace. Schaut man übrigens von den Elbarkaden in Richtung Wasser, sieht man das Gebäude des **25hours-Hotels Hafencity,** dessen Konzept auf Storytelling setzt. Ein Hotel also, das Geschichten erzählt. Und da jedes der inzwischen weltweit vertretenen Häuser eine eigene Geschichte hat, erzählt das Haus in der Hafencity zum Beispiel von Ringelnatz' Kapitän Kuttel Daddeldu, der die Welt alter Seebären spürbar macht. Gehen die Gäste in ihre Kojen, können sie dort in einem Logbuch Geschichten von Seemännern aus einem Seefahrerheim nachlesen.

Das Weltcafé ElbFaire im Ökumenischen Forum hat nicht nur guten Kuchen, sondern bietet auch einen Blick in den Innenhof der umliegenden Häuser.

Am Ende der Elbarkaden laufen wir auf den **Kaispeicher B** 5 und die vor ihm stehende 15,6 Tonnen schwere und von der Fläche her sechs mal sechs Meter umfassende goldene Schiffsschraube zu. Diesen Mix aus ganz Alt und ganz Neu, der die Hafencity ebenfalls ausmacht, sieht man hier besonders gut. Der zehnstöckige Kaispeicher, der unmittelbar am Zusammenfluss von **Magdeburger- und Brooktorhafen** liegt, wurde 1878/79 im neogotischen Stil der für die Speicherstadt typischen Hannoverschen Schule gebaut und beherbergt heute das **Internationale Maritime Museum.** Auf neun jeweils unterschiedlich gestalteten Etagen präsentiert sich die weltweit größte maritime Privatsammlung, die Geschichten aus mehr als 3000 Jahren Seefahrt zum Besten gibt.

Im Foyer des Museums gibt es die Fachbuchhandlung Wede mit dem Schwerpunkt Verkehr.

Über die **Busanbrücke** kreuzen wir den **Magdeburger Hafen** und stehen auf dem modern angelegten **Störtebeker Ufer.** Und da rechts steht er als zwei Tonnen schwere Bronzestatur: Klaus Störtebeker. Nackt, gefesselt und kurz vor seiner Hinrichtung. So richtig sicher ist es

Kaispeicher B

übrigens nicht, ob es den berühmten Piraten überhaupt gab. Die Geschichte über ihn allerdings wird gerne erzählt: Als Ende des 14. Jahrhunderts die Piraten in Ost- und Nordsee die reich beladenen Schiffe der Hanse überfielen, waren die gefürchtetsten Freibeuter die Likedeeler, die von Klaus Störtebeker angeführt wurden. 1401 wurde er nach einer erbitterten Schlacht vor Helgoland gefangen genommen und dann in Hamburg auf dem Grasbrook, also der heutigen Hafencity, hingerichtet. Sein letzter Wunsch: Als Erster wollte er vor den Scharfrichter treten – und die Männer seiner Mannschaft, an denen er auch noch geköpft vorbeilaufen kann, sollten weiterleben dürfen. So soll er angeblich noch elf seiner Männer passiert haben, bis ihm der Scharfrichter ein Bein stellte. Der Bürgermeister übrigens soll sein Versprechen nicht gehalten haben, er ließ dann doch Störtebekers gesamte Mannschaft hinrichten. Angeblich.

Überseeboulevard

Wir lassen Störtebeker rechts liegen, kreuzen die Osakaallee und gehen auf den **Überseeboulevard** **6** zu, die Einkaufsstraße der Hafencity, in der es in der Adventszeit sogar eine Eisbahn gibt. Wir laufen geradeaus, gehen rechts die **Singapurstraße** hinunter, auf die Straße am **Sandtorkai** zu und wenden uns dann nach links. Das Hotel, vor dem wir dann stehen, ist wieder so ein besonderes Projekt: Das **Pier 3,** hinter dem mehrere prominente Hamburger Unternehmer stehen, hat neben einer eigenen Bühne auch gleich eine Camper-City mit coolen Wohnwagen auf dem Dach. Nebenan, **Am Sandtorkai 46 a,** gibt es das Kino der Hafencity: die **Astor Film Lounge** – unter anderem mit besonders bequemen Sitzen, edlem Ambiente und Cocktails sowie Fingerfood direkt am Platz.

Magellan-Terrassen

Hinter dem Kino geht es links in die Straße **Am Sandtorpark** hinein, die wir ein paar Meter hochgehen, um dann rechts in den **Sandtorpark** einzubiegen. Der liegt etwas gequetscht zwischen hohen Gebäuden, führt uns aber – wenn wir ihn einmal mittig durchqueren – auf der anderen Seite zum **Großen Grasbrook** und den **Magellan-Terrassen 7**. Die sind alles andere als klein und eng. Majestätisch klettern ihre Stufen bis hinunter zum Sandtorhafen, der in den 1860er-Jahren das erste moderne Hafenbecken Hamburgs war. Heute ist er der **Traditionsschiffhafen** – eine schwimmende Pontonanlage mit wunderschönen alten Schiffen und Kränen. Der Blick hinüber zur Elbe und zur Elbphilharmonie ist weit und frei. Und wer sich die Stufen der Magellan-Terrassen einmal genauer anschaut, dem fallen die Teppichelemente auf: farbige Bodenelemente, die an die Tradition des Teppichhandels in der angrenzenden Speicherstadt erinnern sollen. Mauern und Wände indes bestehen aus Mauerziegeln, die plastisch wirken und Fischornamente bilden.

Wir laufen nun den schmalen **Kaiserkai** am Wasser entlang. Und dann: stehen wir vor ihr, vor der **Elbphilharmonie 8**, dem neuen Wahrzeichen der Stadt und dem architektonischen Highlight der Hafencity, das auf der Fassade des 1875 als größtes Lagerhaus des Hafens errichteten Kaispeichers A thront. Im April 2007 wurde nach einem Entwurf der schweizerischen Architekturbüros Herzog & de Meuron mit ihrem Bau begonnen – und erst im Januar 2017 war das Eröffnungskonzert. Dazwischen lagen fast zehn Jahre Bauzeit und eine Steigerung der ursprünglich geplanten Baukosten von 77 Millionen auf eine Summe von 866 Millionen Euro. Fast egal, wo man ist, weit aus der Ferne schimmert das liebevoll Elphi genannte Mega-Konzerthaus mit seinen tausend gebogenen und bedruckten Fassadenelementen wie ein riesiger Kristall im Sonnenlicht. Im Innern gibt es zwei Konzertsäle – der eine davon für 2100 Menschen –, ein Hotel, Apartments und zwischen Speicher und Neubau die öffentlich zugängliche Plaza. Bereits im Sommer 2019 verzeichnete die Elphi zehn Millionen Besucher auf der Plaza und zwei Millionen in den Konzerten.

Elbphilharmonie

Wieder zurück geht es über die Straße **Am Kaiserkai.** Viele kleine Galerien sind dort in den vergangenen Jahren zwischen Cafés und Restaurants heimisch geworden. Also: einfach bummeln, schlendern, Bilder gucken.

Am Ende der Straße kreuzen wir wieder den Großen Grasbrook und gehen dann schräg gegenüber rechts weiter durch die Straße **Dalmannkai,** wo es auch wieder kleine Galerien und äußerst kreativ gestaltete Cafés, Läden und Restaurants gibt. Da ist zum Beispiel **Nissis Kunstkantine im Dalmannkai 6,** in der man beim Essen gleich Bilder shoppen kann.

Eine Nase Teeduft schnuppern: Das Messmer Momentum, Am Kaiserkai 10, ist eine Mischung aus Museum und Café, in der man in die Welt des Tees eintauchen kann.

Am Ende kommen wir an der großen Kreuzung heraus, an der **Dalmannkai, Am Sandtorpark** und die breite **Überseeallee** zusammentreffen, und haben zwei Möglichkeiten, unsere Tour zu beenden: Entweder wir biegen vor der Magdeburger Brücke rechts ab und steigen in der U-Bahn-Haltestelle Überseequartier wieder in die U4. Oder wir laufen weiter geradeaus, an der Hafencity Universität vorbei und direkt auf die gleichnamige U-Bahn-Station, auf unseren Start- und Endpunkt, zu.

7 ELBUFER

Start/Ziel: Bahnhof Altona, 22765 Hamburg
(GPS: 53.551965, 9.934597)
Länge: ca. 7 Kilometer
Dauer: ca. 3 Stunden
ÖPNV: Bahnhof Altona, S-Bahn-Linie S1 und S11
Parken: S-Bahnhof Altona, 22765 Hamburg

Unterwegs entdeckt:

1 Stuhlmann-Brunnen
2 Platz der Republik
3 Reiterstandbild von Kaiser Wilhelm I.
4 Altonaer Rathaus
5 Christianskirche
6 Heinepark
7 Donnerspark
8 Museumshafen
9 Övelgönne
10 Alter Schwede
11 Strandperle

Essen + Trinken:

Vielleicht eines der besten Fischbrötchen bekommt man bei **Nuggi`s Elbkate,** Fähranleger Neumühlen/Övelgönne, 22763 Hamburg, geöffnet ab 12 Uhr.
Den perfekten Sonnenuntergang oder Frühstück am Strand? Gibt es in der **Strandperle,** Övelgönne 60, 22605 Hamburg, Tel. 040 88 09 95 08 (www.strandperle-hamburg.de).
Oder doch lieber Pötte gucken? Das kann man gut an der **Brücke 10 im Strandhaus,** Övelgönner Hohlweg 12, 20359 Hamburg, Tel. 040 85 35 23 51 (https://bruecke10-im-strandhaus.com).

Leben am Fluss

Von ihrer Quelle in Tschechien bis zur Mündung in die Nordsee ist die Elbe insgesamt 1091 Kilometer lang. Davon sind rund 870 Kilometer für den Schiffsverkehr nutzbar. Die Strecke zwischen dem Hamburger Hafen und der Elbmündung nennt man Unterelbe. Diese rund 145 Kilometer werden jährlich von rund 8700 Seeschiffen befahren – von riesigen Container- bis zu den größten Kreuzfahrtschiffen. „Pötte gucken" ist also angesagt, wenn wir vom Altonaer Balkon bis Schröders Elbpark wandern, dabei aus unterschiedlicher Perspektive die Elbe immer im Blick haben und viel über ihre Menschen und Geschichten erfahren.

Wenn wir den 1970er-Jahre-Bau des Bahnhofs Altona in Richtung Paul-Nevermann-Platz verlassen, werden wir gleich sehen, wie schön **Altonas Bahnhof** früher einmal ausgesehen hat. Denn der riesige Grünstreifen, der sich da vor uns auftut, sind zugeschüttete Gleise. Altona gehört erst seit 1937 zu Hamburg, früher stand es unter der Verwaltung Dänemarks und wurde 1843, zur Regierungszeit des dänischen Königs Christian VIII., durch eine eigene Bahnlinie mit Kiel verbunden. Dazu wurde ein Bahnhof gebaut, der in dieser Form einmalig ist: ein schneeweißes Gebäude, hoch über der Elbe, nah am Strom und perfekt für den Gütertransport zwischen Schiffen und Waggons. Als dann Ende des 19. Jahrhunderts der Verkehr zunahm und weiter nördlich ein neuer Bahnhof gebaut wurde, schüttete man die Gleise einfach zu. Genau über den dabei entstandenen rund 500 Meter langen Grünstreifen laufen wir jetzt. Parallel zur Museumsstraße und immer auf die Elbe zu.

Zuerst kommen wir an den im Jahr 1900 eingeweihten **Stuhlmann-Brunnen 1,** der da dick und trutzig mitten in der Grünanlage steht. Auf ihm kämpfen zwei mehr als sieben Meter hohe Zentauren, also Figuren halb Mensch, halb Pferd, mit oder um einen riesigen Fisch. Ein Deutungsversuch ist, dass die Zentauren die damals stets miteinander konkurrierenden Städte Hamburg und Altona symbolisieren. Der Brunnen

Stuhlmann-Brunnen

stammt von dem Berliner Bildhauer Paul Türpe (1859–1944) und wurde nicht von einem Herrn Stuhlmann gebaut, sondern von Günther Ludwig Stuhlmann (1797–1872) gestiftet. Der hatte der Stadt eine große Summe vermacht und verfügt, dass von dem Geld unter anderem ein Brunnen gebaut wird. Thematisch passte das zu ihm, denn Stuhlmann war ein Unternehmer, der in den 1850er-Jahren in Altona die Konzession für die Gas- und Wasserwerke erhielt und als Gründer und Direktor der „Altonaer Gas- und Wasseranstalt AG" gleich so klug war, das Elbwasser zu reinigen, bevor es in die Leitungen floss. Das war der Grund, warum es 1894 bei der Cholera-Epidemie in Altona nur wenige Tote gab, während im benachbarten Hamburg mehr als 8000 Menschen starben.

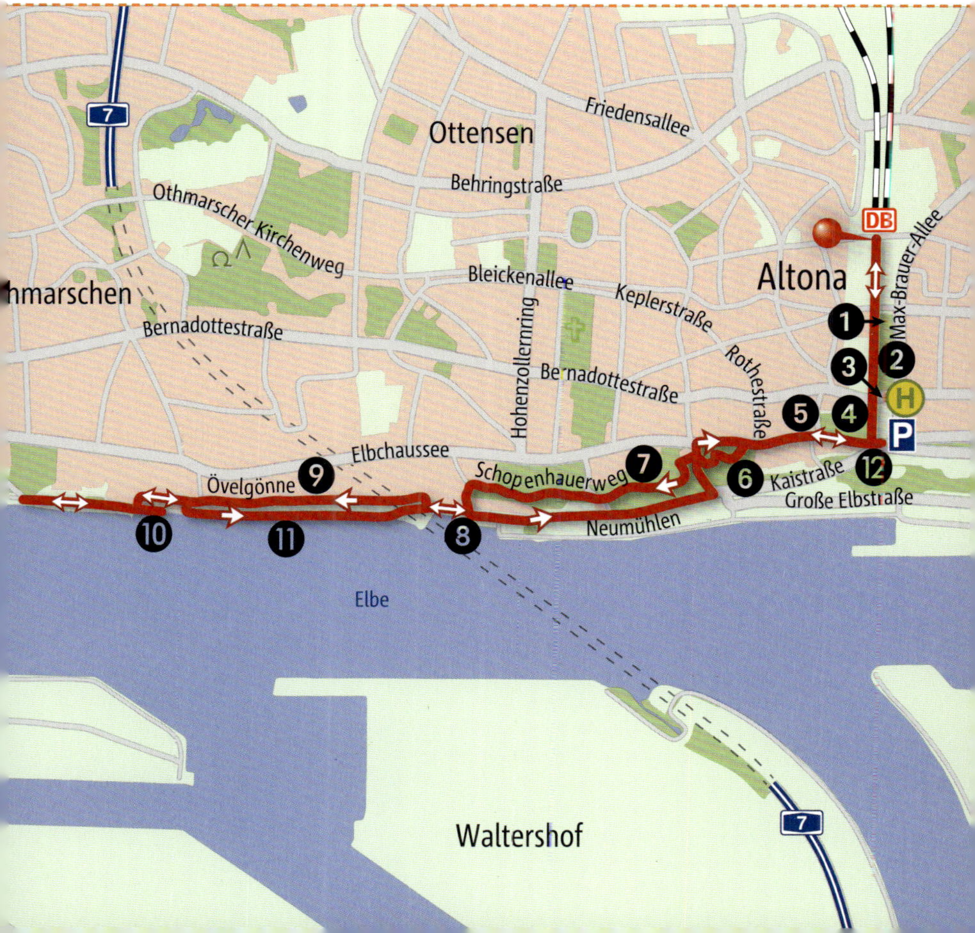

Gleich nebenan in der Museumsstraße befindet sich übrigens das Altonaer Museum, eines der größten Regionalmuseen zur Kunst- und Kulturgeschichte des norddeutschen Raumes.

Wir laufen weiter über den **Platz der Republik 2**, den es schon zu Zeiten des alten Bahnhofs gab und der im Laufe der Geschichte schon so häufig seinen Namen gewechselt hat: von Kaiserplatz in der Kaiserzeit über Platz der Republik zur Weimarer Zeit und Adolf-Hitler-Platz im Nationalsozialismus, ab 1938 dann Reichsplatz und heute nun wieder Platz der Republik. Auf der hinteren Seite des Platzes, kurz bevor die befahrene Königstraße kreuzt, befindet sich ein Mahnmal: die Skulptur **Black Form** des US-amerikanischen Künstlers Sol LeWitt, die den Untertitel „Dedicated to the Missing Jews' – Monument für die zerstörte Jüdische Gemeinde Altonas. Gewidmet den Juden die für immer fehlen" trägt.

Auf der gegenüberliegenden Straßenseite erwartet uns das **Reiterstandbild von Kaiser Wilhelm I. 3**, das der Berliner Bildhauer Professor Gustav Eberlein entworfen hat. Seit 1898 steht es, umrahmt von einem Kornblumen-Mosaik, vor dem Altonaer Rathaus und erinnert an den 50. Jahrestag der

Weg zum Platz der Republik

Erhebung Schleswig-Holsteins gegen Dänemark und an die Zeit Altonas in Preußen, zu dem es seit 1867 gehörte. Symbolisch dafür befinden sich am Sockel die Schwestern Schleswig und Holstein sowie ein Jüngling, der für die militärische Stärke Preußens steht. Hinter dem großen Standbild steht schneeweiß der einstige Altonaer Kopfbahnhof, der heute für Altona das Bezirksamt ist, also das **Altonaer Rathaus** **4**. Ein Teil der repräsentativen Renaissancefassade ist erhalten geblieben. Über den Eingangssäulen ist im Dreiecksgiebel der Nordseite, vor der wir nun stehen, ein Bild zu sehen, welches das Gemeinwesen symbolisieren soll: Die Glücksgöttin Fortuna schiebt ein Schiff, das für die Stadt Altona steht, durch die Wellen. Das Bild schuf der Bildhauer Karl Garbers gemeinsam mit dem Bildhauer und Dichter Ernst Barlach, dessen erste Auftragsarbeit es war.

Reiterstandbild von Kaiser Wilhelm I.

Umrunden wir das Altonaer Rathaus zur Südseite hin, haben wir einen freien, weiten und wunderbaren Blick in Richtung Elbe. Doch wir biegen nach rechts ab in die **Klopstockstraße,** die bis 1846 noch zur **Palmaille** gehörte, die der damalige Landesherr Otto von Schauenburg 1638 hatte anlegen, mit vier Baumreihen bepflanzen und für das italienische Ballspiel „Palla à Maglio" herrichten lassen. Da die Bürger wenig Gefallen an dem Spiel fanden, verfiel die Straße zuerst, wurde dann aber Ende des 18. Jahrhunderts zu einer eleganten Wohnstraße.

Wir laufen am 1797 vom Reeder Hinrich Dultz (1735–1825) erbauten Reihenhaus **Klopstockstraße 2–8** vorbei, einem der ältesten Gebäude der Straße, und biegen in das Tor der **Christianskirche** **5** ein. Was uns hier empfängt: Ruhe. Der uralte Friedhof rund um das 1738 fertiggestellte barocke Kirchlein ist ein verzauberter Ort mit alten, knorrigen Bäumen, unter deren Schatten spendenden Blättern verwitterte Grabsteine zu entdecken sind. Neben besagtem Hinrich Dultz oder dem Kaufmann Georg Friedrich Baur (1768–1865), der viele der herrschaftlichen Häuser an der Palmaille erbauen ließ, liegt hier auch der **Dichter Friedrich Gottlieb Klopstock** (1724–1803) begraben. Gleich vorne das erste, mit einem zierlichen Gitter umzäunte Grab. Da liegt er an der Seite seiner ersten Frau Meta, geb. Moller (1728–1758), ihrem totgeborenen Sohn und seiner zweiten Frau, Johanna Elisabeth, geb. Dimpfel, (1747–1821), eine Nichte Metas. Bis ins 19. Jahrhundert war das Grab Wallfahrtsort für Verliebte. „Erwartet da, wo der Tod nicht ist, ihren Freund, ihren Geliebten, ihren Mann, den sie so sehr liebt und von dem sie so geliebt wird, aber hier aus diesem Grabe wollen wir miteinander auferstehen. Du, mein Klopstock, und ich und unser Sohn, den ich dir nicht gebären konnte" steht auf dem verwitterten Grabstein unter einer alten Eiche. Wer möchte, kann sich vorher auf der Homepage der Christianskirche den Lageplan des kleinen Friedhofs herunterladen. Dort sind alle Gräber und Gedenksteine genau beschrieben.

Christianskirche

Verlassen wir den kleinen Friedhof und gehen rechts noch ein Stück die Elbchaussee entlang, sehen wir linker Hand am Eingang zum **Heinepark** 6 ein kleines, romantisches Häuschen. Es ist das Gartenhaus des Bankiers Salomon Heine (1767–1844), der das Grundstück 1808 erworben hatte und dort in einem großen Landhaus hoch über der Elbe wohnte. Das Landhaus steht heute nicht mehr. Aber die Geschichte über Salomon Heines Neffen Harry, der ihn häufig besuchte, lässt den Ort unsterblich werden. Denn Harry nannte sich später Heinrich und war der Dichter Heinrich Heine (1797–1856), den eine Art Hassliebe mit Hamburg verband. In einem Gedicht nennt er die Stadt die „schöne Wiege meiner Leiden". Und immer wieder litt er wohl auch unter dem Streit mit seinem Onkel, bei dem es nicht selten ums Geld ging.

Der Park ist ein guter Ausgangspunkt, um uns der Elbe von oben zu nähern. Wir laufen am Ende des Heineparks gleich weiter in den **Donnerspark** 7, den 1793 drei Freunde kauften, darunter der gebildete Kaufmann Georg Heinrich Sieveking (1751–1799), und in einen Park umgestalteten. Diesen Sieveking'schen Garten wiederum kaufte 1820 der Kaufmann Conrad Hinrich Donner (1774–1854) und ließ sich dort unter anderem von dem Architekten Gottfried Semper 1843 ein Museum für seine Skulpturensammlung bauen. Den Blick weit über die Elbe und immer wieder auf dicke Pötte, die zwischen den Bäumen auftauchen, genießend, laufen wir weiter. Immer den Schopenhauerweg entlang. Und dann durch den **Rosengarten.** Ein Grundstück, das 1890 in den

Heinepark

Besitz der Stadt Altona kam, die dort einen Stadtpark anlegte. 1914 fand dort und auf den angrenzenden Flächen eine Gartenbauausstellung statt, deren Highlight ein großer Rosengarten war, der in seiner Geometrie auch später unverändert blieb. Bis heute sind viele der alten Wege, Aussichtspunkte und Natursteintreppen erhalten, nur die üppigen Rosen von einst gibt es nicht mehr.

Wo der Schopenhauerweg auf den Lüdemannsweg trifft, gehen wir links zur Elbe hinunter und stehen am **Museumshafen Övelgönne 8.** Der hat es sich seit mehr als 40 Jahren zur Aufgabe gemacht, außer Dienst gestellte Fahrzeuge der Berufsschifffahrt, die Denkmalcharakter besitzen, zu restaurieren und der Öffentlichkeit zugänglich zu machen. Die meisten der rund 30 Schiffe stammen aus der Zeit zwischen 1880 und 1980 – von Deutschlands einziger Dampfbarkasse über das älteste seegängige Feuerschiff der Welt bis zu Dampf-

Leuchtturm am Museumshafen

schleppern, Kuttern, Eisbrechern oder historischen Dienstfahrzeugen von Polizei und Zoll. Auf Tafeln werden die Schiffe erklärt. Und wer hier schon genug Bewegung hatte, kann sich gleich am Anleger in die nächste Hafenfähre des HVV setzen und gemütlich in Richtung Hafen schippern. Aber bei uns soll es ja weitergehen: den an den Wochenenden stark frequentierten autofreien Strandweg **Övelgönne 9** entlang, der sich schon bald den Geesthang hinaufschmiegt. Eine einzelne, in der Art einmalige Häuserreihe aus alten Kapitäns- und Lotsenhäusern mit bunten Gärten, gusseisernen Balkonen und niedlichen Fensterläden. Wir laufen immer geradeaus, immer die Övelgönne entlang, bis die kleine Straße am **Hans-Leip-Ufer** endet, das wir noch ein Stück durchgehen, bis unterhalb vom nach einer Kaufmannsfamilie benannten Schröders Elbpark ein Restaurant mit Biertischen an der Elbe auf uns wartet: ein idealer Ort, um auf die nächsten großen Schiffe zu warten, die plötzlich wie zum Greifen nahe wirken.

Wem nach einer kurzen Kletterpartie ist, kann den Berg zu Schröders Elbpark hinaufsteigen und den Blick über die Elbe genießen.

Strandweg Övelgönne

Von dort aus gehen wir wieder zurück – nun aber am Strand entlang. Der Erste, der uns dort begegnet, ist ein ziemlich dicker Kerl: der **Alte Schwede 10.** Der rund 4,5 Meter hohe und 217 Tonnen schwere Findling aus grauem Växjö-Granit aus Småland wurde 1999 bei der Fahrrinnenvertiefung der Elbe mit ausgebaggert und muss wohl während der Elster-Eiszeit der heutigen Ostsee-Senke folgend hertransportiert worden sein. Weiter geht es am Strand entlang, wobei wir je nach Wasserstand der Elbe am Ende des **Hans-Leip-Ufers** wieder ein Stück die Straße **Övelgönne** entlang-

Abendstimmung am Museumshafen

Alter Schwede

laufen müssen, um keine nassen Füße zu bekommen. Doch bei der ersten Gelegenheit geht es wieder hinunter an den Strand, wo wir bald die Mutter aller Beach-Clubs erreichen: die **Strandperle 11**. Eine Institution für die Hamburger, in der man ganz entspannt auf Liegestühlen den Blick auf die Elbe genießen kann. Und die Sicht auf die Löschkräne, das Containerterminal Burchardkai und das Bubendey-Ufer. Immer weiter geht es den Strand entlang – und die Vorstellung, dass tief unter uns auf mehreren Fahrbahnen Autos rollen, ist ein wenig unheimlich. Denn tatsächlich befindet sich ein großer Teil des letzten Strandstückes genau über dem neuen Elbtunnel, von dessen 3325 Meter Gesamtlänge 1056 Meter unter dem Flussbett liegen.

Wenn wir wieder am **Museumshafen** herauskommen, laufen wir weiter geradeaus, am großen Klinkerturm des Wohnstifts Augustinum vorbei und weiter entlang der modernen Gebäude. Dann gehen wir etwa auf Höhe des Hauses **Neumühlen 1** über eine steile Treppe wieder den Elbhang hinauf, kreuzen wieder den **Schopenhauerweg** und münden auf den **Neumühler Kirchweg,** über den wir genau zwischen **Donners Park** und **Heine Park** wieder auf die **Elbchaussee** kommen. Rechts laufen wir wieder in Richtung Altonaer Rathaus, machen dort gegenüber aber noch einen Abstecher zum **Altonaer Balkon 12** und genießen die Aussicht: auf die Köhlbrandbrücke, die wie ein stählerner Regenbogen seit den 1970er-Jahren den Hafen in Wilhelmsburg mit der A7 verbindet. Sie schlägt, befestigt an 88 Stahl-

Der perfekte Abend? Mit einem Bier am Elbstrand sitzen und den Sonnenuntergang genießen.

trossen, die an zwei 135 Meter hohen markanten Brückenpfeilern aufgehängt sind, ihren Bogen über den Köhlbrandt, an dem Norder- und Süderelbe im Westen des Hafens zusammenkommen. 18 Meter tief sind ihre Pfähle in den Boden gerammt. 53 Meter hoch ist sie an ihrer höchsten Stelle. Für Fahrradfahrer und Fußgänger ist die Brücke allerdings tabu. Außerdem sehen wir das Kontorhaus Docklands, das die Architekten Bothe Richter Teherani wie einen Luxusdampfer gebaut haben, der auf einer extra angeschütteten Landzunge thront. Das Hamburg-Panorama – betrachtet von einem Mega-Balkon am Geesthang, gut 27 Meter über der Elbe.

Vorbei an der Bronzeplastik „Fischer“ von Gerhard Brandes aus dem Jahr 1968 gehen wir nun wieder zum Altonaer Rathaus und über den Grünstreifen zurück zu unserem Ausgangspunkt, hinüber zum Bahnhof Altona.

Altonaer Balkon

8 LANGENHORN

Start/Ziel: U-Bahn-Station Langenhorn-Nord, 22419 Hamburg (GPS: 53.660849, 10.017507)
Länge: ca. 6 Kilometer
Dauer: ca. 2,5 Stunden
ÖPNV: Haltestelle Langenhorn-Nord, U-Bahn-Linie U1
Parken: P&R-Parkplatz Langenhorn-Nord, Foorthkamp 65–69, 22419 Hamburg

Unterwegs entdeckt:

1 Bornbach
2 Helmut und Loki Schmidt Stiftung
3 OxPark
4 Kiwittsmoor
5 Fritz-Schumacher-Siedlung
6 Immenhöven

Essen + Trinken:

Das perfekte Eis gibt es im **Eiscafé Jacobs,** Immenhöven 23, 22417 Hamburg, Tel. 040 5 20 55 99 (www.eiscafe-jacobs.de/startseite). Gute Pizza und einen tollen Biergarten hat das **La Cucina,** Tangstedter Landstraße 208, 22417 Hamburg, Tel. 040 5 20 99 20.

Alte und neue Wohnquartiere

Wo vor 200 Jahren fast mehr Schafe als Zweibeiner lebten, wohnen heute fast 48.000 Menschen. Viele von ihnen in Wohnsiedlungen, die immer wieder ein großes Thema im Stadtteil waren. Unser Spaziergang führt – zuweilen auch auf den Spuren von Loki und Helmut Schmidt – vom modernen OxPark hinüber zur nun schon mehr als 100 Jahre alten Fritz-Schumacher-Siedlung, ihren kulturellen Orten und Parks.

Wir verlassen den U-Bahnhof Langenhorn-Nord und gehen gleich gegenüber zum Park-and-ride-Parkplatz und dort in den Weg 396, der uns in den Kleingartenverein Diekmoor e.V. führt. Hinter dem Vereinshaus biegen wir links ab und laufen geradeaus, immer zwischen kleinen Gartenhäuschen mit liebevoll bebauten Parzellen entlang. Der Kleingartenverein ist einer von dreien, die längs des **Bornbachs** 1 liegen, und hat eine Geschichte, die bis in die 1920er-Jahre zurückreicht. Damals begannen Menschen aus Langenhorn auf dem Grundstück eines reichen jüdischen Kaufmanns Gemüse anzubauen. Ohne Pacht. Ohne Vorschriften. Einmal im Jahr besuchte man den Kaufmann in seiner Wohnung in Winterhude, brachte ihm Kostproben der Ernte – und er freute sich und revanchierte sich mit einem Gläschen Schnaps und einer Zigarre.

Alles hätte so weitergehen können. Still und im friedlichen Einvernehmen. Doch als die Nationalsozialisten an die Macht kamen, geriet die Idylle ins Wanken. Der jüdische Kaufmann verließ Hamburg. Und die Langenhorner Gärtner, fast ausnahmslos Kommunisten, lebten in Angst. Man forderte sie 1936 auf, sich ordentlich zu einem Verein zusammenzuschließen. So entstand der Kleingartenverein – geführt von einem von den Nationalsozialisten kommissarisch eingesetzten Vorsitzenden. Erst im Oktober 1945 wurde der Vorstand demokratisch gewählt. Noch einmal kehrte der jüdische Kaufmann nach dem Krieg zurück, bot das Gelände den Schrebergärtnern, von denen auch viele nach den Zerstörun-

Bornbach

gen des Krieges in ihren Lauben wohnten, zum Kauf an. Doch denen fehlte das Geld. Später kaufte die Liegenschaft das Areal – und besitzt es bis heute.

Hinter der kleinen Holzbrücke biegen wir rechts ab und laufen weiter geradeaus, immer den heute begradigten **Bornbach** entlang. Ein Weg, den auch Loki Schmidt (1919–2010) häufig wählte. Die Ehefrau des späteren Bundeskanzlers Helmut Schmidt (1918–2015) liebte die Natur und kannte schon als kleines Mädchen fast alle Namen von Bäumen und Pflanzen auswendig. Später, als Kanzlergattin, nutzte sie ihre neu gewonnene Prominenz, um sich für Naturschutz und den Erhalt gefährdeter Pflanzen einzusetzen. So gründete sie eine eigene Stiftung, machte Forschungsreisen, veröffentlichte zahlreiche Bücher über Botanik und wurde für ihr Engagement für den Naturschutz mehrfach geehrt.

Warum sie ausgerechnet längs des Bornbachs wanderte, sehen wir gleich, wenn wir am Ende des Weges links über die kleine Holzbrücke gehen und dann geradeaus auf den Neubergerweg stoßen. Geht man ein Stück links die Straße hinunter, fallen plötzlich Überwachungskameras auf. Mehr ist da nicht, was verraten könnte, dass das Haus Neubergerweg 80 einmal so eine Art Kanzlerbungalow war. Eigentlich ein einfaches Reihenhaus, ist es das wahrscheinlich berühmteste Haus in Langenhorn. Da nämlich zogen 1961 die Schmidts ein, erweiterten es stetig, empfingen dort sogar Politiker und Staatsgäste. Heute hat die **Helmut und Loki Schmidt Stiftung** **2** darin ihren Sitz. Besichtigen kann man das Haus, abgesehen von seltenen Ausnahmen, nur im Internet: Unter https://helmut-und-loki-schmidt-stiftung.de darf man sich virtuell durch die Räume bewegen und entdeckt

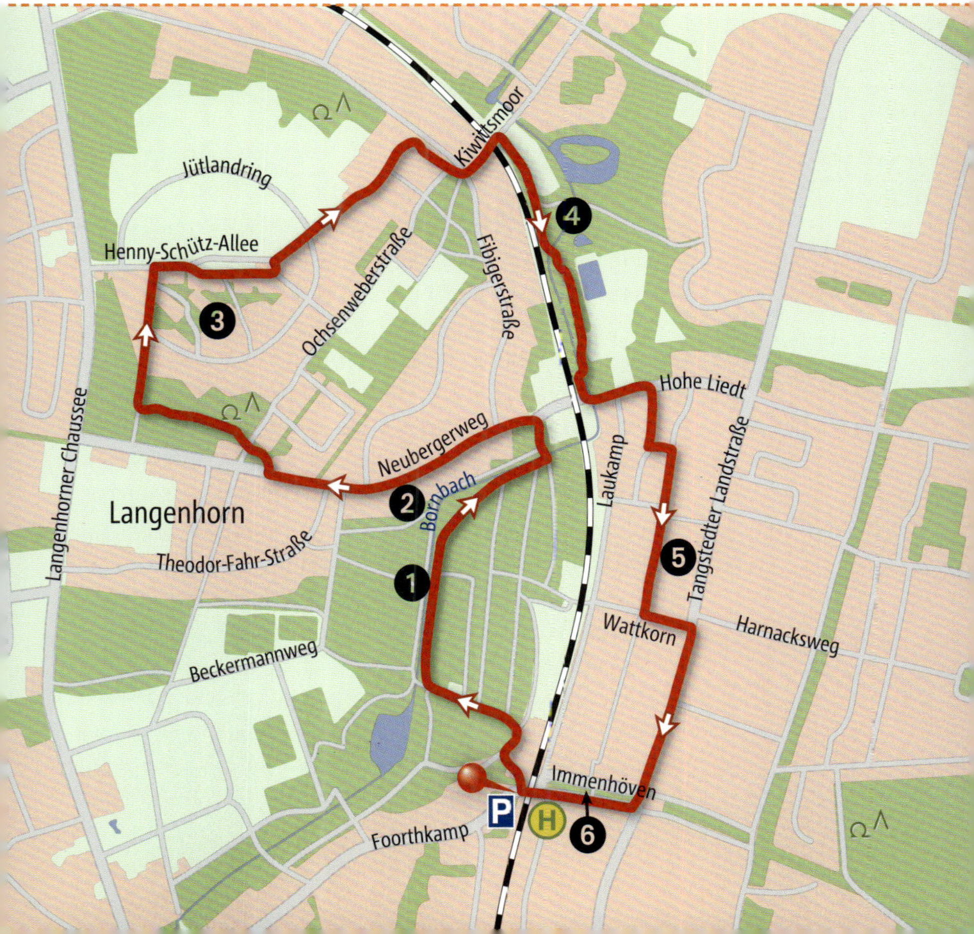

Wäldchen

Schmidts Treppenlift, die Halle mit Steinway-Flügel, Schachecke, Kamin und Möbeln im Stile der 1970er-Jahre.

Wir laufen am Haus der Schmidts vorbei den Neubergerweg hinauf und wechseln am Zebrastreifen die Straßenseite. Hinter den alten Doppelhäusern direkt am Rande der Straße kann man einige Neubauten entdecken. Schneeweiß und lichtdurchflutet. Sie gehören zu einem der modernsten Wohnquartiere Langenhorns: dem **OxPark** **3**, dem wir uns jetzt durch ein lichtes Waldstück nähern, in das wir gleich hinter dem alten Fachwerk-Doppelhaus mit der **Nummer 31** einbiegen. Weicher Boden unter den Füßen laufen wir über den schmalen Pfad, überqueren die **Ochsenweberstraße** und gehen dann weiter durch den Wald, bis wir am **Ochsenstieg** herauskommen. Wir gehen rechts die Straße hinunter und können mit unseren Blicken auf Entdeckungsreise gehen: Denn während auf der linken Seite modernste Doppel- und Reihenhäuser stehen, kommen rechts die ersten alten, aber aufwendig renovierten Gebäude ins Bild, die zuvor zum **Krankenhaus Ochsenzoll** gehörten. Denn der **OxPark** wurde auf einer mehr als 50 Hektar großen Fläche erbaut, die bis dahin noch zum Gelände des Krankenhauses zählte. Das Krankenhaus war 1893 als erstes großes Bauvorhaben in Langenhorn entstanden – als „Anstalt Ochsenzoll", wie es damals hieß, die zunächst als landwirtschaftlich ausgerichtete

Außenstelle der damaligen „Irrenanstalt" Friedrichsberg diente und einen bewusst dörflichen Charakter haben sollte. So wurden auf 130 Hektar bewaldetem Gebiet kreisförmig Straßen angelegt und kleine Ziegelsteingebäude errichtet. Außerdem bekam das Gelände der späteren „Heil- und Pflegeanstalt Langenhorn" einen eigenen Wasserturm, eine Wäscherei und ein Veranstaltungshaus mit eigener Bühne, das aber auch Altar und Orgel hatte und so für Gottesdienste genutzt wurde. Das alles sehen wir, wenn wir am Ende der Straße nach rechts abbiegen. Dann laufen wir über die **Henny-Schütz-Allee** direkt auf das wunderschöne alte Veranstaltungshaus zu, in dem es heute ein Restaurant gibt.

Vorher stoppen wir aber noch linker Hand vor dem Haus mit der **Nummer 25.** Das Haus gehört zum Krankenhaus und die **Gedenktafel** davor erinnert an eines der schwärzesten Kapitel der Geschichte der Klinik: an 4097 Patientinnen und Patienten, die 1939 bis 1945 von der einstigen Heil- und Pflegeanstalt Langenhorn in Tötungs- und Verwahranstalten verlegt wurden. Von ihnen fielen insgesamt 3755 dem Euthanasie-Programm zum Opfer, weitere zwölf Kinder wurden bei medizinischen Versuchen ermordet. Hinter dem Haus beginnt das Gelände der Asklepios-Klinik Nord, Standort Ochsenzoll, einer der größten psychiatrisch-psychotherapeuti-

Veranstaltungshaus

schen Kliniken Deutschlands. Unter anderem ist sie auch deshalb bekannt, da ihre forensische Abteilung über einen Hochsicherheitstrakt verfügt, in dem auch Serienmörder wie Fritz Honka und der „Heidemörder" Thomas Holst untergebracht waren.

Geht man nun auf das backsteinerne Veranstaltungshaus zu und dann links daran vorbei, führt die **Henny-Schütz-Allee** halb links weiter in den **Fassbinderweg** und damit an einem ganz besonderen Mix aus modernen und sehr alten Gebäuden vorbei, die dennoch miteinander so stimmig wirken, als ob sie immer schon so geplant gewesen wären. Rechts taucht dann der alte, 32 Meter hohe **Wasserturm** auf. Eine backsteinverkleidete Stahlbetonkonstruktion mit schmalen Belichtungsfenstern, deren blaues Kupferdach

Wasserturm im OxPark

in der Sonne glitzert. 1913 war der Turm errichtet worden, da die Klinik damals 15 Kilometer vom eigentlichen Hamburger Stadtzentrum entfernt lag und somit nicht ans Hamburger Wassernetz angeschlossen werden konnte.

Immer geradeaus laufen wir weiter den **Fassbinderweg** entlang, kreuzen den **Kesselflickerweg** und münden dann erneut in ein Wäldchen, in dem wir dem Weg rechts folgen und dann, nachdem wir die **Ochsenweberstraße** überquert haben, am Zebrastreifen an der Straße **Kiwittsmoor** herauskommen. Noch ein Stück weiter die Straße hinauf geht es hinter den Hochbahn-Gleisen rechts in einen kleinen Pfad hinein, der am **Bornbach** entlangführt. Gleich an der ersten Weggabelung biegen wir halb links ab und halten uns dann etwa auf Höhe des links liegenden Spielplatzes wieder rechts, sodass wir – am nächsten Spielplatz vorbei – geradeaus auf die Straße **Hohe Liedt** zulaufen. Das Gelände, durch das wir gerade gegangen sind, ist das **Kiwittsmoor** **4**, zu dem auch ein idyllisches Naturbad gehört.

Wenn wir nun die Straße **Hohe Liedt** überqueren und einige Meter weiter links die Straße hoch in den **Willy-Jacobs-Weg** einbiegen, laufen wir auf die **Fritz-Schumacher-Siedlung** **5** zu. Unsere letzte Etappe Langenhorner Wohnquartiersgeschichte, die eigentlich chronologisch die erste ist. Denn das erstmals 1269 urkundlich erwähnte Langenhorn hatte 1803 gerade einmal 86 Haushalte mit insgesamt 413 Menschen. Das Dörfchen war durch Landwirtschaft und traditionelle Handwerksbetriebe geprägt. Doch als nach dem Ersten Weltkrieg die Wohnfläche in Hamburg rar wurde, beschlossen Senat und Bürgerschaft eine Eingliederung der nördlichen Gebiete, also auch Langenhorns. Wo 1919 noch 3000 Menschen lebten, waren es 1925 schon 7700 und 1930 ganze 10.000 Einwohner.

Jedes Jahr im Frühsommer findet in der Fritz-Schumacher-Siedlung der Flohmarkt der Gärten statt. Dann öffnen die Siedler ihre Gärten und laden ein zum fröhlichen Trödeln.

Mit dem Anschluss an die Stadt wurde auch der Entschluss zu einem der größten Bauvorhaben der Weimarer Republik getroffen: der Staatssiedlung Langenhorn, die zugleich die erste staatlich finanzierte Wohnungsbaumaßnahme Hamburgs war und zwischen 1919 und 1921 unter der Leitung des Architekten und damaligen Oberbaudirektors Fritz Schumacher (1869–1947) realisiert wurde. Seit 1949 trägt die Siedlung seinen Namen. Ziel der Fritz-Schumacher-Siedlung war es, bevorzugt für kinderreiche Familien und für die Familien von Kriegsteilnehmern und Kriegsversehrten Wohnraum zu schaffen, der ihnen in Doppel- und vor allem Reihenhäusern mit rund 650 Quadratmeter großen Gärten die Möglichkeit zur Selbstversorgung gab. Viel Geld war nicht da. Also verzichtete man auf teuren Backsteinklinker und suchte nach günstigeren Alternativen. So entstanden mehr als 650 Wohnungen, deren Billigbauweise bald erste Probleme mit sich brachte. Außerdem beklagten die Bewohner die langen und beschwerlichen Wege in die Stadt zu ihren Arbeitsplätzen. Es gab kaum Geschäfte, keine richtige Schule. So einiges war im Argen. Doch vielleicht genau deshalb entstand bald eine aktive Siedlergemeinschaft, die sich gemeinsam für Ausbesserungen und neue Projekte einsetzte und immer mehr Mitspracherecht erlangte.

Versorgungswege

Auf diese Weise entwickelte sich das, was wir sehen, wenn wir weiter zwischen den Häusern hindurchgehen und so die Straße **Hogenlietgrund** erreichen. Dieser folgen wir nach rechts und laufen auch dann noch geradeaus, wenn die Straße zu einem der zahlreichen Selbstversorgerwege wird, die die Fritz-Schumacher-Siedlung überall kreuzen. Da sieht man plötzlich Gärten, wie sie unterschiedlicher nicht sein könnten: spießige Plastikzwerge, elegante Landhausgärten, typische Selbstversorgerbeete inklusive gackernder Hühner oder einfach alternative Kinderparadiese für Großfamilien mit Baumhäusern und Bauwagen. Ein Paradies, in dem jeder so lebt, wie es ihm gefällt. Und ein Stück lebendige Stadtgeschichte.

Der Selbstversorgerweg endet auf der Kopfsteinpflasterstraße **Wattkorn,** die wir links bis zur **Tangstedter Landstraße** hinaufgehen. Dort gehen wir rechts und sehen nun auf beiden Seiten der Straße die Vorderfronten der Häuser, die bei schönem Wetter mit ihren gelben und weißen Wänden und den knallroten Dächern um die Wette leuchten. Davor auch wieder diese riesigen Gärten. Und all die Errungenschaften, für die die Siedler im Laufe der Jahre gekämpft haben. Eine Wohnanlage für Senioren zum Beispiel, die kleine **Broder-Heinrick-Kirche** auf der linken Seite der Straße oder – nicht mehr auf unserem Weg, aber dennoch vorhanden – eine eigene Schule, eine Kulturbühne und zahlreiche kleine Läden. Außerdem gibt es in der Siedlung einen berühmten Griffelkunstverein, Chor, Sportverein, Theatergruppe, kurz: ein reges Miteinander.

Genau in der Mitte der Straße Immenhöven gibt es einen kleinen Spielplatz mit gemütlichen Holztischen und -bänken.

Das 1877 erbaute Fachwerkhaus, das gleich hinter dem Supermarkt links zu sehen ist und in dem heute das **Restaurant „Wattkorn"** zu Hause ist, war einst das Gasthaus des Storchenvaters Wilhelm Schwen. Der pflegte bis zu seinem Tod im Jahr 1972 verletzte Tiere, vor allem Störche gesund. In seinem Garten liefen zuweilen zwischen den Gästen Rehe, Pfauen und eben Störche herum, als wäre es das Normalste der Welt. Unser Weg führt uns weiter bis zur nächsten Ampel,

Immenhöven

wo man die **Tangstedter Landstraße** zwischen zwei breiten Grünzügen kreuzen kann. Links würde es durch den Grünzug an einem Spielplatz vorbei hinüber ins riesige und äußerst idyllische **Raakmoor** gehen. Wir jedoch beenden unseren Weg durch die Geschichte der Wohnquartiere und laufen den Grünzug nach rechts zum **U-Bahnhof Langenhorn-Nord** hinunter. Der Grünzug hat übrigens einen Namen, der an die Tradition der Imker in Langenhorn erinnert: **Immenhöven 6.** Sie wurden bereits zu Beginn der Zwanzigerjahre des vergangenen Jahrhunderts im Zuge des Baus der Fritz-Schumacher-Siedlung als 500 Meter langer Grünstreifen angelegt, doch fehlte der Stadt damals das Geld, sie nach Schumachers Plänen zu gestalten. Und so waren es die Bewohner selbst, die auf dem kahlen Gemeinschaftsgrün Obstbäume pflanzten, sie pflegten und dort ihr Obst ernteten. Erst 1926 gestaltete die Stadt den Mittelstreifen so, dass ein schmaler Fußweg in der Mitte als Allee entstand, die von japanischen Kirschbäumen gesäumt wurde. Über diese Allee kann man noch heute gehen und die blühenden Bäume genießen, die inzwischen längst andere und nicht mehr die der ersten Stunde sind. Und jedes Jahr kündigt der Grünzug Immenhöven aufs Neue mit zarten rosa Blüten den Frühling an.

Fünf weitere

QUARTIERE, DIE SEHENSWERT SIND

Wem OxPark und Fritz-Schumacher-Siedlung gefallen haben, der kann überall in der Stadt weitere außergewöhnliche Wohnquartiere entdecken:

Idyllisch: die von 1935 bis 1939 zwischen Wellingsbütteler Landstraße und Stübekamp erbaute Frank´sche Siedlung (Architekt: Paul August Reimund Frank) mit eigenem Dorfkern in Klein Borstel (S-Bahn Kornweg)
Riesig: die ab 1926 unter der Leitung von Fritz Schumacher erbaute backsteinerne Jarrestadt zwischen Wiesendamm, Osterbekkanal, Goldbekkanal und Glindweg in Winterhude (U-Bahn Borgweg oder Saarlandstraße)
Winzig: die ab 1890 für Arbeiterfamilien erbauten Falkenried-Terrassen in Hoheluft-Ost (U-Bahn Hoheluftbrücke, www.falkenried-terrassen.de/geschichte.html)
Herrschaftlich: die Häuser der 1896 gegründeten Abraham Philipp Schuldt-Stiftung rund um die Straßen Hütten, Pilatuspool, Zeughausstraße, Seewartenstraße, Neumayerstraße und Poolstraße in der Hamburger Neustadt (U-Bahn Messehallen)
Industrieromantisch: der Bahrenpark auf dem einstigen Gaswerk-Areal in Bahrenfeld als coole Mischung aus Alt und Neu (S-Bahn Bahrenfeld, www.bahrenpark.de)

9 OHLSTEDT

Start/Ziel: U-Bahn-Station Ohlstedt, 22397 Hamburg
(GPS: 53.694597, 10.137079)
Länge: ca. 8,3 Kilometer
Dauer: ca. 3 Stunden
ÖPNV: Haltestelle Ohlstedt, U-Bahn-Linie U1
Parken: P&R-Parkplatz Ohlstedt, Westerfelde, 22397 Hamburg

Unterwegs entdeckt:

1 Wohldorfer Wald
2 Ammersbek
3 Landarbeiterhäuser
4 Weberstieg
5 Duvenstedter Brook
6 Wohldorfer Herrenhaus
7 Bodenlehrpfad

Essen + Trinken:

Einkehren in einem Restaurant mit wunderschönem Biergarten kann man beim **Gasthaus zum Bäcker,** Herrenhausallee 9, 22397 Hamburg, Tel. 040 60 76 53 97 (www.zum-baecker.de).
Oder doch lieber ein Picknick? Frische Milch und handgeschöpften Käse gibt es in der **Kleinen Landmeierei,** einem Hofladen auf dem Wohldorfer Hof, Herrenhausallee 37, 22397 Hamburg (https://wohldorfer-hof.de).

Wege im Wald

Der weiche Boden unter den Füßen, das flirrende Blätterdach über uns. So kann man im Norden von Hamburg stundenlang spazieren gehen, denn dort oben an der Grenze zu Schleswig-Holstein reiht sich ein Waldgebiet ans andere. Dank vieler toller Umweltschutzprojekte erobert sich die Natur ihren Raum zurück und schafft damit auch für uns Menschen wieder grüne Oasen zum Auftanken. So wie der Weg, der uns von Ohlstedt durch den Wohldorfer Wald und den Duvenstedter Brook führt.

Gleich neben dem **U-Bahnhof Ohlstedt** ist ein P&R-Parkplatz, über den es in einen schmalen Pfad geht, der uns über den Schulhof der Schule am Wald zur Straße **Kupferredder** bringt. Ihm folgen wir rechts und biegen dann rechts in den **Melhopweg** ein. Was uns dort empfängt? Wald! Genauer gesagt: das Naturschutzgebiet **Wohldorfer Wald 1.** Das 278 Hektar große Gelände ganz im Nordosten von Hamburg bildet unter an-

Wohldorfer Wald

Naturschutzgebiet

derem mit dem **Rodenbeker Quellental** im Südwesten, dem **Duvenstedter Brook** und den Naturschutzgebieten **Ammersbek-Niederung** und **Hansdorfer Brook** in Schleswig-Holstein einen 1800 Hektar großen Biotopverbund. Dabei ist der Wohldorfer Wald einer der ältesten Wälder, das älteste Forstrevier und zudem der größte zusammenhängende Laubwald der Stadt. Seit 1770 ist er als Erholungsgebiet ausgewiesen. Geprägt wurde er von der letzten Eiszeit vor rund 20.000 Jahren, bei der sich Toteislöcher bildeten und Senken, die noch Jahrtausende später voller Eis waren, das irgendwann taute und Moore entstehen ließ. Und wenn wir nun über den Melhopweg wieder aus der Natur herauskommen und dort, wo aus dem Weg wieder eine gepflasterte Straße wird, gleich erneut links wieder in den Wald eintauchen, sieht man sie immer häufiger, diese einstigen Sümpfe und Senken. Dort, wo sich heute noch das Wasser staut, wo die Erde sumpfig ist und Schwarzerlen im Wasser stehen, was sie gut aushalten können, weil sie Luftwurzeln bilden, die aus dem Wasser ragen.

Schaut man rechts und links vom Weg, entdeckt man viel Totholz, in dem wieder neues Leben entsteht, Käfer krabbeln. Da schleichen Ringelnattern durchs Gras, leben Dachse, Fischotter, Füchse und Wildschweine. Da blühen mehr als 280 unterschiedliche Pflanzenarten, wachsen unter anderem Eichen, Ahorne, Hainbuchen, Buchen, Holunder oder Eschen. Zwitschern und fliegen Mittel- und Schwarzspecht, Waldlaubsänger, Mönchsgrasmücke, Gartenbaumläufer, Misteldrossel, Eisvogel, Waldschnepfe, Rotkehlchen, Amsel, Kleiber und Drossel. Und dann dieser Duft – holzigfrisch, rein und belebend.

Genau da, wo der Wald lichter wird und es etwas bergauf geht, nehmen wir bei der Wegkreuzung den Pfad nach links

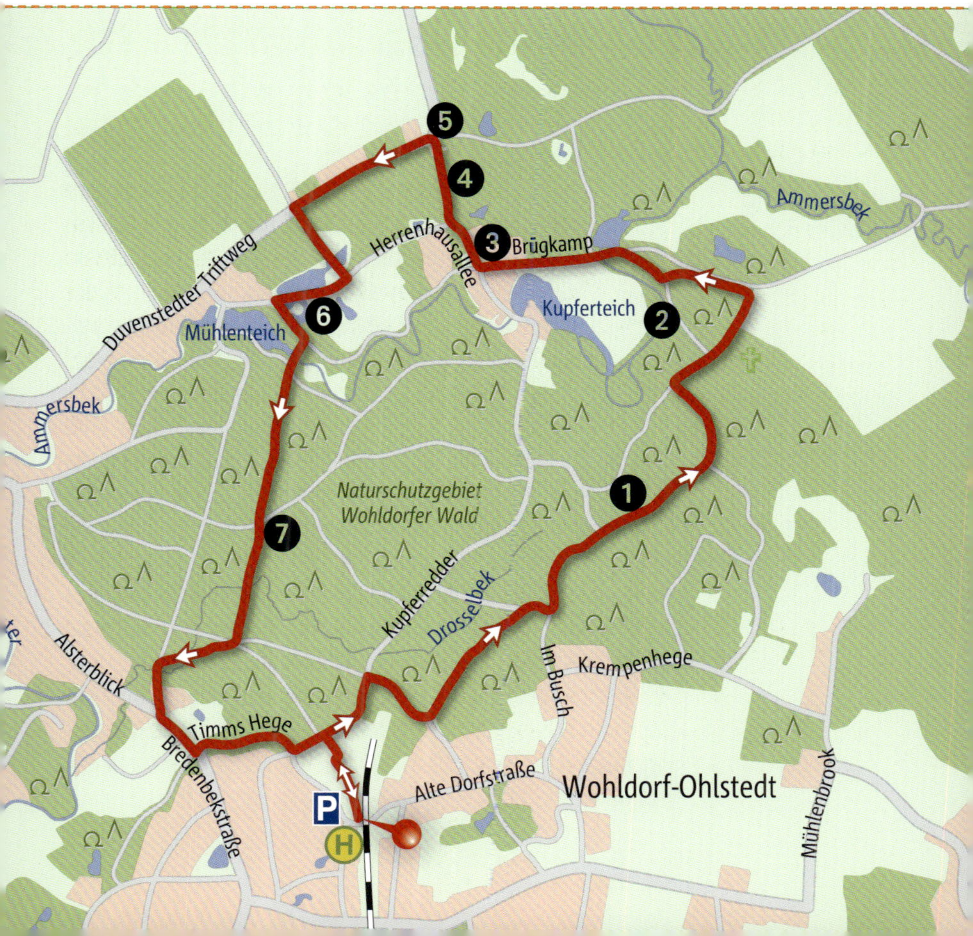

Weg zu den Landarbeiterhäusern

und laufen am Hang entlang wieder in den Wald hinein. Immer geradeaus geht es durch die Natur, bis rechter Hand der kleine Waldfriedhof zu sehen ist.

Wer mag, kann ein wenig über den zwischen Buchenwäldern gelegenen Friedhof gehen oder auf einer der Bänke eine kleine Rast machen.

Von dort aus geht es weiter links die Straße **Brügkamp** entlang, die wir aber nicht auf asphaltierten Pfaden gehen müssen, denn parallel zu ihr schlängelt sich ein kleiner Fußweg durch den Wald. Er führt uns zur **Ammersbek 2**, denn gleich da, wo die Straße aus dem Wald herauskommt, befindet sich zuerst das Rückhaltebecken des kleinen Bachs und dann linker Hand der Kupferteich. Die Ammersbek ist eher ein großer Bach denn ein kleiner Fluss. Sie entspringt als Gölmbach nahe Sprenge im Kreis Stormarn und wird erst kurz vor Hamburger Stadtgebiet zur Ammersbek, wo sie dann später in die Alster fließt.

Kurz bevor der **Brügkamp** auf die **Herrenhausallee** stößt, sehen wir auf der rechten Seite die ersten **Landarbeiterhäuser 3** mit ihren hübschen Gärten. Nur zwei der insgesamt zehn Häuser sind noch Originale. Die niedlichen kleinen Fachwerkhäuschen wurden 1937 ursprünglich für die Arbeiter des nahen Pachtgutes Wohldorf errichtet. Neben einem lebenslangen Wohnrecht hatten die Familien hier auch niedrige Mieten. Doch mit den Jahren wurden die Häuser, von der Stadt vernachlässigt, immer maroder. Als sie 2004 verkauft wurden, ließ man acht der Häuser abreißen, erbaute sie jedoch milieugerecht wieder neu – ebenso kuschelig, behaglich und mit gemütlichem Fachwerk. Genau an diesen kleinen Häusern biegen wir rechts ab auf die **Herrenhausallee** und da, wo die Straße eine Kurve macht, wieder nach rechts in den **Weberstieg 4,** einen kleinen Pfad, der früher einmal sehr wichtig für die Menschen am Ort war, denn er verband **Wiemerskamp** und **Wohldorf.** Seinen Namen bekam er Mitte des 19. Jahrhunderts, als nämlich die Arbeiter der in der Nähe lie-

Weberstieg

BrookHus

genden Baumwollweberei Kupferhof den Weg nutzten, um nach Wohldorf zu kommen. Der Pfad hat etwas Besonderes, denn links tut sich eine sanft hügelige Wiesenlandschaft auf, über die man weit blicken und mit etwas Glück friedlich grasende Pferde beobachten kann. Rechts sieht man dann den **Duvenstedter Brook 5**, Hamburgs anderen großen Wald, dessen Flora und Fauna im **BrookHus** erklärt wird, auf das wir gleich am Ende des Weberstieges zulaufen. Hier lohnt sich eine Unterbrechung des Spaziergangs, denn das Informationszentrum gibt spannende Einblicke in die Landschaft (siehe Seite 131).

Wir verlassen das BrookHus und laufen links ein Stück den Duvenstedter Triftweg entlang, um dann wieder links in die Schäferkoppel einzubiegen. Und dann rechts wieder auf die Herrenhausallee, wo schon nach wenigen Metern links das **Wohldorfer Herrenhaus 6** auftaucht. Wie es sich wohl darin wohnt?, fragt man sich beim Blick auf das herrschaftliche Anwesen und das prächtige Fachwerkhaus mit Satteldach und den vielen gemütlichen Sprossenfenstern, den niedlichen Schlagläden und dem Grundstück gleich am See. Im 14. Jahrhundert stand an der Stelle die „Burg Wohldorf", Amtssitz der Schauenburger Grafen, der 1306 erstmals urkundlich erwähnt wird. Im 15. Jahrhundert ging Wohldorf in Hamburger Besitz über und an der Stelle der Burg wurde ein erstes Herrenhaus errichtet, das als Regierungssitz der sogenannten Waldherren diente. Jener Ratsherren, die zwischen 1461 und 1830 die Walddörfer verwalteten, bevor die Stadt Hamburg das übernahm. Als das erste Herrenhaus baufällig geworden war, wurde nicht etwa ein berühmter Architekt, sondern der Hamburger Zimmermeister Hans Georg Günter beauftragt, das neue Herrenhaus zu errichten. Und das ist ihm äußerst gut gelungen. Eine Zeit lang diente das Herrenhaus noch als Feriendomizil Hamburger Senatoren. Seit 1996 ist das Haus in Privatbesitz.

Perfekt für ein Picknick: der Mühlenteich gleich neben dem Herrenhaus.

Gleich neben dem Herrenhaus gehen wir links den **Auenwanderweg** hinauf und gleich wieder rechts über die kleine Brücke und in den Wohldorfer Wald hinein, wo wir den **Senatorenstieg** immer geradeaus laufen. Dabei treffen wir auf die interessanten Schilder des

Herrenhaus

Ruheliegen im Wald

Bodenlehrpfades 8, bei dem die Beschaffenheit und die besonderen Merkmale des Bodens beschrieben werden. Außerdem sehen wir links vom Weg ein Gefallenendenkmal für Soldaten im Ersten Weltkrieg, neben dem zwei Holzliegen zur Pause einladen. Da kann man liegen und in die Baumwipfel gucken. Hat etwas von Waldbaden. Und von totaler Ruhe.

Am Ende des Senatorenstiegs gehen wir halb rechts in den **Melhopweg,** der uns zur **Bredenbekstraße** führt. Von der biegen wir dann links in Timms Hege ab und zum Schluss wieder links in den **Kupferredder,** der uns dann wieder zur Schule am Wald bringt. Über den Schulhof laufen wir zum Parkplatz und zum Ausgangspunkt zurück.

Bodenlehrpfad, Gedenkstätte

Das

DUVENSTEDTER BROOKHUS

Das Infozentrum wartet mit vielen spannenden Informationen zur Tier- und Pflanzenwelt des Duvenstedter Brooks auf. Außerdem gibt es eine multimediale Dauerausstellung, viele Tipps in Sachen Umweltschutz und einen Shop, in dem man unter anderem Infomaterial, Bücher, Postkarten, Nistkästen und vieles mehr kaufen kann (https://hamburg.nabu.de/natur-und-landschaft/infohaus-duvenstedter-brook/).

Vom BrookHus starten großartige Wanderungen in den Duvenstedter Brook, die man entweder auf eigene Faust oder als geführte Wanderungen mit dem NABU machen kann.

Der Duvenstedter Brook ist mit seinen 780 Hektar nach den Kirchwerder Wiesen das zweitgrößte Naturschutzgebiet der Stadt. Dabei steht Brook im Niederdeutschen für ein von Wasser durchzogenes Gelände oder Gehölz. Doch der Duvenstedter Brook ist noch viel mehr als ein Gehölz, denn er besteht auch aus Wiesen, landwirtschaftlicher Nutzfläche, Tümpeln und Mooren. In ihm gibt es knapp 400 verschiedene Pflanzenarten, sogar fleischfressende Pflanzen und seltene Orchideen. Es gibt 100 Vogelarten und zwölf Reptilien- und Amphibienarten. Es gibt Birken-, Buchen- und Auenwälder. Es gibt Iltisse, Marder, Wiesel, Dachse, Wildschweine und Rotwild. Und es gibt sie: die Kraniche! Zuweilen sind es mehr als zehn Paare, die jedes Jahr wieder in den Duvenstedter Brook kommen und aus der Entfernung beobachtet werden können.

10 BLANKENESE

Start/Ziel: S-Bahnhof Blankenese, 22587 Hamburg (GPS: 53.564075, 9.813916)
Länge: ca. 5 Kilometer
Dauer: ca. 2 Stunden
ÖPNV: Bahnhof Blankenese, S-Bahn-Linie S1 und S11
Parken: S-Bahnhof Blankenese, 22587 Hamburg

Unterwegs entdeckt:

1 Goßlers Park (Marion Gräfin Dönhoff)
2 Dehmelhaus (Ida Dehmel)
3 Schinkels Park
4 Zum Falkenthal (Elisabeth Harmstorf)
5 Strandweg
6 Treppenviertel (Felicitas Kuckuck)
7 Charitas-Bischoff-Treppe (Charitas Bischoff)

Essen + Trinken:

Eine Institution in Blankenese: **Lühmanns Teestube,** Blankeneser Landstraße 29, 22587 Hamburg, Tel. 040 86 34 41 (www.luehmanns-teestube.de), gleich unterhalb von Goßlers Park.
Tolle Fischbrötchen und Co. direkt am Strandweg gibt es in der **Kajüte S. B. 12,** Strandweg 79, 22587 Hamburg, Tel. 040 86 64 86 40 (www.kajuetesb12.de), direkt am Elbstrand.
Seit 1877 kann man im **Kaffeegarten Schuldt,** Süllbergsterrasse 30, 22587 Hamburg, Tel. 040 86 24 11 (www.kaffeegarten-schuldt.de), bei herrlicher Torte die Traumsicht über die Elbe genießen.

Auf den Spuren starker Frauen

Als Blankenese noch ein Fischerdorf war, übernahmen die Frauen an Land das Ruder. Denn als der Fähr-, Fischer- und Seefahrerort zwischen 1640 und 1864 noch unter dänischer Vorherrschaft stand, fuhren mehr als 90 Prozent der Männer zur See und ihre Frauen wurden zu Ernährerinnen, Unternehmerinnen, Macherinnen ... Und auch später kamen immer wieder berühmte Frauen aus Blankenese oder wurden dort ansässig. Wir wollen einigen von ihnen bei einem Spaziergang durch Hamburgs reichsten Stadtteil begegnen.

Schon der Bahnhof ist schön. Schneeweiß. Elegant. Ein wenig mediterran. Und trotz seiner umfassenden Restaurierung und Modernisierung im Jahr 2007 vor allem eines: alt! Hamburgs ältester Bahnhof. Gebaut, als Blankenese 1867 eine Bahnlinie bekam. Damals entstanden riesige Villen, denn Reeder, Politiker, Kaufleute, aber auch Künstler zog es an den Elbhang.

Das Zentrum verlagerte sich vom Hang in Richtung Bahnhof. Und wenn wir das **Bahnhofsgebäude** mit seinen von der römischen Antike inspirierten Rundbögen verlassen, gehen wir gleich nach rechts, die Blankeneser Landstraße entlang. Ein kleiner Trampelpfad verläuft parallel zur Straße, sodass man das Gefühl hat, geschützt und schon beinahe in **Goßlers Park** 1 zu gehen, der nach wenigen Metern beginnt und den Blick auf das wunderschöne, tempelartige und von Säulen umstellte Landhaus freigibt. Schneeweiß, wie schon der Bahnhof. Wer mag, kann kurz hinauf in den Park laufen und sich **Goßlers Haus** aus der Nähe anschauen. 1790 hatte der in Hamburg lebende englische Kaufmann John Blacker das Grundstück auf dem Krähenberg erworben. Damals gehörte Blankenese noch zu Dänemark. Blacker beauftragte den königlich-dänischen Landbaumeister Christian Frederik Hansen, das damals noch einstöckige Landhaus zu bauen, und ließ einen Park im englischen Stil anlegen. 1811 kaufte der Kaufmann Theodor Heinrich Groverts das Gebäude, 1816

Goßler-Haus

der Kaufmann Daniel Roß und 1897 der Kaufmann John Henry Goßler, der das Haus zweigeschossig umbauen ließ. Nach ihm wurden später Park und Haus benannt.

Eine, die in der Nähe von **Goßlers Park** wohnte und gerne dort spazieren ging, war **Marion Gräfin Dönhoff** (1909–2002). Vielleicht war es genau der von uns gewählte Weg, den sie nahm, wenn sie von ihrem Haus im **Pumpenkamp** hinüber zum Park lief. Wir gehen rechts die **Goßlerstraße** hinauf, immer den kleinen Pfad entlang, der auch hier parallel zur Straße verläuft. Kleine Villen säumen den Weg. Es geht bergauf. Und oben gehen wir links, die Straße am **Krähenberg** entlang. Moderne Bauten neben putzigen Villen oder eleganten Landhäusern. Die dritte Straße links ist der **Pumpenkamp.** Hier wohnte die in Ostpreußen geborene Gräfin zusammen mit ihrem Dackel Felix und der Haushälterin Frau Ellermann. Das kleine Haus war ihr ein Zuhause geworden, wenn sie abends aus der Redaktion der „Zeit" kam, den Kamin anmachte und sich ein Glas Cognac einschenkte. Der Pumpenkamp war das zweite Leben der Gräfin. Das erste war Schloss Friedrichstein, 20 Kilometer östlich von Königsberg. Das Schloss, das sie im Januar 1945 verließ, um auf der Flucht vor der Roten Armee auf ihrem Trakehnerfuchs Alarich 1200 Kilometer gen Westen zu ziehen. Über das zugefrorene Haff. Mit 35 Jahren begann dann ihr zweites Leben, als sie für den Chef der britischen Besatzungszone ein Memorandum zur Einschätzung der Lage verfasste, das durch Zufall vier Männern in die Hände fiel, die gerade die Lizenz zur Herausgabe der Wochenzeitung „Die Zeit" erhalten hatten. In Hamburg wurde sie 1952 Leiterin des Politikressorts, 1968 Chefredakteurin und 1973 Herausgeberin der „Zeit". Nach ihrem Tod im Jahr 2002 kauften die Kinder ihrer Nachbarn das Haus.

Wir laufen den **Pumpenkamp** hinunter und schlendern rechts die **Blankeneser Landstraße** entlang, bis links die **Richard-Dehmel-Straße** einmündet. Dort gehen wir nur ein paar Meter hinein und sehen sofort linker Hand das große gelbe **Dehmelhaus 2,** einen hohen, winkelförmigen Bau mit

ockerfarbenem Putz. Das Dach steil, die Terrasse hoch, die Fenster übereck geordnet. Ein Haus im Stil der Dichterhäuser in Weimar. Und ein Haus, das für die Geschichte eines eigenwilligen Paares und einer starken Frau steht: **Ida Dehmel** (1870–1942). Die als viertes Kind einer reichen jüdischen Familie in Bingen am Rhein geborene Frau wurde gegen ihren Willen mit einem Berliner Tuchhändler verheiratet und verliebte sich – bereits schwanger – in den ebenfalls verheirateten Dichter Richard Dehmel. Gegen alle Konventionen ließen sie sich scheiden, heirateten 1901 in London und gingen nach Hamburg. Nach Blankenese. Dort zerriss man sich das Maul über das exzentrische Paar: sie, die hochgewachsene Frau mit den markanten Gesichtszügen, der etwas dunklen Haut und den melancholischen Augen, die von ihrem Mann entworfene Reformkleider trug. Und er, der wild gestikulierend und singend durch die Straßen laufende Dichter. Ida soll es gewesen sein, die Freunde und Gönner zu Demels 50. Ge-

Dehmelhaus

Schinkels Park

burtstag für ein Geschenk begeisterte: Geld für den Bau eines Hauses. Zusätzlich dazu nahmen die Dehmels eine Hypothek auf und bauten die Jugendstilvilla mit dem Architekten Walther Baedeker nach Richard Dehmels Wünschen.

Schon bald wurde die Villa zu einem offenen Haus, in dem sich Schriftsteller wie Hans Carossa und Gerhart Hauptmann, Künstler wie Max Liebermann und Clara Rilke-Westhoff, Musiker wie Richard Strauss und Hans Pfitzner, aber auch Kunstsammler und -förderer trafen. Ida sah sich als Förderin der Kunst – insbesondere der weiblichen. 1916 gründete sie mit Dr. Rosa Schapire den „Frauenbund zur Förderung deutscher bildender Kunst", der zeitgenössische Künstler unterstützte und Museen moderne Werke schenkte. 1917 starb ihr Sohn im Ersten Weltkrieg. Und 1920 starb

Schiffsfriedhof

auch Richard Dehmel an den Folgen einer Kriegsverletzung. Trotz ihrer Trauer emanzipierte sich Ida Dehmel, verwaltete sein Erbe, förderte mehr denn je Künstlerinnen, gründete **Dehmelstiftung** und Dehmelhaus und rief 1926 den „Bund Hamburgischer Künstlerinnen und Kunstfreundinnen" ins Leben, aus dem die GEDOK (Gemeinschaft Deutscher und Österreichischer Künstlerinnenvereine aller Kunstgattungen) hervorging, deren erste Bundesvorsitzende Ida Dehmel wurde. Doch dann stürmte nach der Machtergreifung Hitlers die SA 1933 eine Versammlung der GEDOK. Man zwang Ida Dehmel wegen ihrer jüdischen Herkunft, alle Ämter niederzulegen. 1942 nahm sie sich mit Schlaftabletten das Leben. Heute ist das Haus aufwendig restauriert worden.

Regelmäßig bietet die Dehmelhaus Stiftung Führungen durchs Haus an. Anmeldung unter www.dehmelhaus.de.

Regelmäßig werden Führungen darin angeboten. Außerdem ist es Sitz der Dehmelstiftung.

Wir gehen wieder zurück zur Straße und dann gleich die kleine Treppe hinunter, die uns direkt in den wunderschönen, weiten und steil abfallenden **Schinkels Park 3** führt. Hier treffen wir zwar nicht gleich auf die nächste berühmte Frauengestalt, aber es ist der schnellste Weg hinunter an die Elbe. Der Park ist nach dem Bankier Maximilian Heinrich von Schinckel benannt, der in einer Villa nebenan lebte und den steilen Berg gerne zum Rodeln nutzte. Halten wir uns im Park rechts, so stoßen wir unten auf den **Falkentaler Weg,** auf dem wir weitergehen, bis wir rechts auf das Falkensteiner Ufer stoßen – und damit auf eine weitere bedeutende Frau aus Blankenese: **Elisabeth Harmstorf** (1852–1935), die recht jung einen verwitweten Taucher mit zwei Söhnen heiratete, noch 13 eigene Kinder bekam, von denen nur sieben überlebten, und die gerne Gäste bewirtete. So gerne, dass sie sich 1882 dachte, auch gleich ein Gasthaus aufmachen zu können. Auf dem

Gelände am Ende des Falkentaler Wegs eröffnete sie – damals 31 Jahre alt – das Hotel und Restaurant **Zum Falkenthal 4**, das sich bald zu einem der beliebtesten Restaurants in Blankenese entwickelte. Damit bereits die An- und Abfahrt zum Vergnügen wurde, ließ Elisabeth Harmstorf zwei Dampferbrücken mit direktem Zugang zum Restaurant bauen. Außerdem fielen ihr immer wieder neue Unterhaltungsangebote ein, unter anderem Tauchvorführungen und Hochseilakrobatik, Platzkonzerte, Tanzveranstaltungen und prächtige Feuerwerke. 1897 kaufte sie auch noch das benachbarte „Elbhotel Westerbad". Da Frauen zur damaligen Zeit nicht geschäftsfähig waren, brauchte Elisabeth für derartige Entscheidungen die Unterschrift ihres Mannes. Doch die gab er ihr gerne, war ansonsten aber andauernd als Taucher auf dem Meer unterwegs. Als ihr Mann 1903 starb, übernahm sie zusätzlich noch seinen Tauch- und Bergungsbetrieb. 1912 verpachtete sie ihr Gastronomie-Unternehmen und setzt sich in einer – leider in den 1970er-Jahren abgerisse-

Elbstrand

nen – Villa am Strandweg zur Ruhe. 1920 verkaufte sie die Hotels, das Bergungsgeschäft lief weiter. 1935 starb Elisabeth Harmstorf in ihrem Haus an der Elbe.

Bevor wir uns diese Häuser an der Elbe, am Strandweg, genauer anschauen, machen wir am Falkensteiner Ufer noch am Schiffsfriedhof am Elbstrand eine kurze Pause – und sind schon wieder bei den Harmstorfs, allerdings Generationen später. 1975 nämlich wurde das Unternehmen damit beauftragt, die „Uwe" zu bergen, die vor Wittenberge mit dem Frachter „Wiedau" kollidiert war. Leider lag die „Wiedau" über der „Uwe" und die Strömung war sehr stark, was die Bergung erschwerte. Dann lag die „Uwe" auch noch quer zum Fluss und fest im Schlick. Man musste schon etwas Gewalt anwenden bei der Bergung. Und da passierte es: Die Uwe riss in drei Stücke, die dann alle drei an Land geschleppt wurden. Eben genau dort ans Ufer, wo die Firma damals noch ihren Sitz hatte. Während Bug und Mittelschiff an Land gezogen und ausgeschlachtet wurden, blieb das Heck liegen. Zuerst für Untersuchungszwecke, um die Schuldfrage am Unfall zu klären. Dann fehlte das Geld für die Bergung. Und letztendlich wollten immer mehr Menschen, dass der Rest der „Uwe" als Erinnerung bleibt. Übrigens Seite an Seite mit anderen havarierten Schiffen wie dem finnischen Motorsegler „Polstjernan", der 1926 im heutigen Nord-Ostsee-Kanal in Brand geriet und ebenfalls von der Firma Harmstorf geborgen wurde.

Strandweg

Wir laufen weiter. Zurück, den **Strandweg 5** entlang und auf den kleinen Leuchtturm zu. „Unterfeuer Blankenese" ist 32 Meter hoch und mit einer Aussichtsplattform versehen, die für die Öffentlichkeit über eine Stahlbrücke zugänglich ist.

Treppenviertel

Der geeignete Ort, um über die Elbe zu schauen, die seit Jahrhunderten Blankenese geprägt hat. Da ist vor allem das **Treppenviertel 6,** das bereits 1301 erstmals urkundlich erwähnte älteste Viertel von Blankenese, das gleich hier beginnt. Wir laufen noch ein Stück geradeaus und biegen dann in die sehr steile Gasse Am Rutsch hinein, die wir ein ganzes Stück hochgehen, um dann rechts der Elbterrasse zu folgen. Ein schmaler Weg, der immer wieder eine wundervolle Sicht auf die Elbe freigibt. Und auf kleine Fischerhäuschen mit bunt blühenden Gärten. Besonders schöne Exemplare dieser Häuser stehen **Am Rutsch 1 und 2, an der Elbterrasse 2** (das mit mehr als 300 Jahren älteste Haus), **4–6 und 7** und **Am Hang 1, 13, 14 und 22–26.** Neben den ganz alten Häusern gibt es diverse andere Bauepochen zu entdecken. Mit den Jahren wurden die Fenster größer, die Sicht auf die Elbe wichtiger. Kaum Straßen, aber 5000 Stufen hat das Treppenviertel. Ein Auf und Ab und zu jeder Jahreszeit ein Genuss.

Viele Prominente wohnen in und um Blankenese, darunter der Schauspieler Til Schweiger, der Komiker Otto Waalkes und der Liedermacher Rolf Zuckowski.

Am Ende der Elbterrasse gehen wir rechts über **Möllers Treppe** wieder zum Strandweg, folgen dem weiter die Elbe entlang und biegen dann links in die Straße **Am Hang,** in der viele Jahre die Komponistin **Felicitas Kukuck** (1914–2001) lebte. Die Schülerin Paul Hindemiths, der sich neu mit klassischen Formen wie Sinfonie, Sonate und Fuge auseinandersetzte und deshalb bei den Nazis verpönt war, stellte sich während des Krieges mutig gegen die Nationalsozialisten und zog 1945 mit ihrem Mann und ihren drei Kindern zurück in ihre Geburtsstadt Hamburg: ins Blankeneser Treppenviertel. Später schreibt sie darüber: „Ich war ganz selig, als ich vor dem Blankeneser Haus stand! Dies war unsere neue Heimat! Ein eigenes Haus mit einem großen Garten."

Wir biegen links in **Ingwersens Weg** ein, der uns zur **Blankeneser Hauptstraße** führt, die wir dann links gehen, bis rechter Hand an einem kleinen Platz die **Charitas-Bischoff-Treppe 7** kommt. Sie erinnert an die Autorin **Charitas Bischoff** (1848–1925), die Tochter der Naturforscherin **Amalie Dietrich.** Die schickte das kleine Mädchen immer wieder zu neuen, fremden und zumeist nicht sehr liebevollen Menschen, um sich zuerst in bitterer Armut dem Sammeln und Pressen von Pflanzen, später dann ihrer Arbeit als Naturforscherin in Australien zu widmen. Zumindest eine gute Bildung wurde Charitas damit zuteil. Später heiratete sie einen Pfarrer. Als dieser starb, ging sie nach Blankenese, lebte im Treppenviertel und schrieb dort mehrere Bücher. Gleich das zweite Buch – eine angeblich authentische Biografie ihrer Mutter – brachte ihr den Durchbruch und bescherte ihr ein gutes Leben. Dass die Biografie romantisch stark überhöht war, wurde Forschern erst viel später bewusst. Charitas starb 1925 mit 77 Jahren als erfolgreiche Autorin in der Bergstraße, die 1928 in **Charitas-Bischoff-Treppe** umbenannt wurde.

Charitas-Bischoff-Treppe

Genau dort, wo die **Charitas-Bischoff-Treppe** an der Straße **Am Kiekeberg** herauskommt, gehen wir schräg gegenüber in den **Hessepark 8,** den wir einmal komplett queren. Der nach seinem späteren Besitzer George Heinrich Hesse benannte Park wurde ursprünglich vom Kaufmann und Direktor der Gothaer Versicherung Rütger Heinrich Klünder im Jahr 1799 erworben und angelegt. Und hier kommt wieder eine Frau ins Spiel: seine Gattin **Friederike Klünder** (1776–1848), die sich im Kampf gegen die Virenkrankheit Pocken verdient machte. Als sie erfuhr, dass ein Impfstoff entwickelt wurde, lernte sie, die Impfung zu verabreichen, und nahm zwischen 1805 und 1832 insgesamt 2168 Impfungen vor. Auch neben diesem Engagement wurde sie zeit ihres Lebens immer wieder aktiv, um Armen zu helfen.

Auf der anderen Seite des Parks kommen wir auf die **Blankeneser Bahnhofstraße,** die wir links hinaufgehen. Genau auf den S-Bahnhof zu, den Start- und Endpunkt unserer Tour durch die Frauengeschichte Blankeneses.

11 BERGEDORF

Start/Ziel: S-Bahnhof Bergedorf, 21031 Hamburg
(GPS: 53.489937, 10.205919)
Länge: ca. 3,2 Kilometer
Dauer: ca. 1,5 Stunden
ÖPNV: S-Bahnhof Bergedorf, S-Bahn-Linie S1 und S21
Parken: P&R-Parkhaus Johann-Meyer-Straße 2, 21031 Hamburg

Unterwegs entdeckt:

1 Serrahn
2 St. Petri und Pauli
3 Sachsentor
4 Kaiser-Wilhelm-Platz
5 Schlossgarten
6 Bergedorfer Villenviertel
7 Schillerufer
8 Bergedorfer Mühle
9 Bergedorfer Schloss

Essen + Trinken:
Abends bei einem Glas Wein den Blick aufs Wasser genießen kann man perfekt im **Berger's am Serrahn Bistro,** Serrahnstraße 2, 21029 Hamburg, Tel. 040 85 40 51 84 (www.restaurant-bergers.de).
Gleich im Bergedorfer Schlosspark herrlichen Kuchen essen kann man im **Café Chrysander,** Chrysanderstraße 61 (gegenüber Hausnummer 22), 21029 Hamburg, Tel. 040 38 07 36 57 (www.cafe-chrysander.de).

Die Stadt in der Stadt

Die Hauptstadt der Vier- und Marschlande ist gemütlich, hat ein eigenes Schloss und irgendwie auch eine eigene Geschichte. Trotzdem gehört Bergedorf seit 1420 zu Hamburg, auch wenn sich die Hamburger die Stadt die ersten gut 400 Jahre mit den Lübeckern geteilt haben. Wir bummeln rund um das alte Viertel – zwischen gemütlichem Fachwerk, alten Villen, blühenden Parkanlagen und viel plätscherndem Wasser.

Der Weg nach Bergedorf führt durch die Vier- und Marschlande. Durch den Bezirk Bergedorf. Und damit durch eine rund 132 Quadratkilometer große Landschaft, die der Anbau von Obst und Gemüse geprägt hat, außerdem natürlich auch die Blumenzucht und das unermüdliche Ringen der Menschen mit dem Wasser. Denn Norder- und Süderelbe treffen in den Vier- und Marschlanden wieder zusammen, außerdem die Dove- und die Gose-Elbe. Im Norden wiederum fließt die Bille. Hohe Deiche schützen die Menschen heute dort vor Hochwasser. Zwischen diesen Deichen liegen behagliche Dörfer mit prunkvollen Hufnerhäusern, prächtigen Reetdachkaten und kleinen Kirchen.

Und außerdem liegt da Bergedorf, diese Kleinstadt in der Großstadt. Am besten erkundet man sie, wenn man vom S-Bahnhof aus über den **Bahnhofsvorplatz** einfach geradeaus zwischen den Geschäftshäusern links und dem modernen City Center Bergedorf auf den **Serrahn** 1 zuläuft. Schon um 1208 staute man dort die Bille künstlich auf, um mit dem Wasser eine Mühle zu betreiben. Im 17. Jahrhundert wurde der Wasserlauf auch von einer Kupfermühle genutzt. Ein richtiger Hafen ist der **Serrahn** erst im späten 19. Jahrhundert geworden. Entscheidend dafür, dass dieser Hafen dann ein sehr geschäftiger Ort wurde, mag aber auch eine Entscheidung von 1443 gewesen sein, als nämlich der rund 2,6 Kilometer lange Schleusengraben gebaut wurde, um die damalige Insel Billwerder vor Hochwasser zu schützen. Er verbindet die Bille in Bergedorf mit der Dove-Elbe und war damals eine der ersten künstlichen Wasserstraßen Deutschlands – und vor allem eine schiffbare Verkehrsanbindung von Bergedorf an den Hamburger Hafen, über die schon bald Waren wie Getreide aus den ländlichen Gebieten oder Holz aus dem Sachsenwald transportiert werden konnten. So gewann der Serrahn immer mehr an Bedeutung, wurde zu einem regen Umschlagsplatz und blieb dies bis ins 20. Jahrhundert hinein.

Serrahn

Ganz gemächlich kann man heute über die **Serrahnstraße** am Wasser entlangschlendern. Sieht die Bötchen am Ufer. Sieht die mitten auf dem Wasser stehende Figur. Einer der **Vier Männer auf Bojen** (1993), die der deutsche Bildhauer Stephan Balkenhol im Hamburger Stadtgebiet verteilt hat. Am Ende des kleinen Hafenbeckens führt die **Serrahnstraße** auf die **Alte Holstenstraße,** die wir rechts hinunterlaufen. Zuerst über die kleine Brücke, von der aus man wieder einen schönen Blick auf den Serrahn hat. Dann weiter in die niedliche Altstadt. Mit windschiefen Fachwerkhäuschen, kleinen Läden und einem ersten Blick auf den alten Schlosspark, durch den wir noch gehen werden.

Zuerst aber machen wir an der Kirche halt, die schon wenige Meter weiter linker Hand vor uns auftaucht. Es ist die **Kirche St. Petri und Pauli** 2 – 1162 als Kirchspiel erstmals erwähnt, im frühen 16. Jahrhundert als einschiffiges Fachwerk-Backstein-Gebäude eingeweiht und später mehrmals nach Westen hin verlängert. Kein Geringerer als der Baumeister des Hamburger „Michels" wurde 1759 zu Hilfe geholt, als sich der Giebelturm mit Holzkonstruktion und kupferner Außenverkleidung, der Anfang des 17. Jahrhunderts entstanden war, bedenklich zur Seite neigte: **Ernst Georg Sonnin** (1713–1794) nahm sich der Sache mit einer stützenden Fachwerkkonstruktion an. Später folgten noch weitere Anbauten. So entstand die schmucke Kirche von heute, gebaut im Stile der Renaissance und des Barock und im Inneren prachtvoll ausgestattet, unter anderem mit einer Kanzel und einem Taufbecken aus dem 16. Jahrhundert sowie einem Altar und farbigen Bildertafeln auf der Empore aus dem 17. Jahrhundert. Und noch etwas fällt auf, wenn man vor St. Petri und Pauli steht: das kleine Gebäude mit dem Backstein-Rundturm, in dem heute die Bergedorf-Info sitzt. Es ist das

ehemalige Organistenhaus, in dem der Komponist **Johann Adolf Hasse** (1699–1783) geboren wurde. Drei Generationen seiner Familie hatten bereits das Organistenamt in St. Petri und Pauli inne. Er selbst studierte Gesang, war als Tenor in Hamburg an der Oper am Gänsemarkt und reiste dann nach Italien, wo er noch einmal studierte und später als Komponist für Opern im italienischen Stil bekannt wurde.

Passend also, dass der Platz vor Kirche und Organistenhaus Johann-Adolf-Hasse-Platz heißt. Dort endet die **Alte Holstenstraße** und mündet in die Straße **Sachsentor** 3. Die

St. Petri und Pauli, Organistenhaus

St.-Petri-und-Pauli-Kirche

alte Hauptstraße – als Einkaufsstraße der Stadt zugleich eine der ersten Einkaufsstraßen Hamburgs – ist geschmückt von alten Häusern, zumeist aus dem 18. und 19. Jahrhundert. Das Haus mit der Nummer 2, in dem heute ein Restaurant zu finden ist und in dem früher die Herberge „Stadt Hamburg" war, gab es sogar schon im 16. Jahrhundert. Ein Stück weiter die Straße hinauf steht das schmucke Eckhaus mit der Nummer 13, ein Wohn- und Geschäftshaus von 1906. Oder das Fachwerkhaus schräg gegenüber aus dem Jahr 1836. Genau dort laufen wir links zwischen den Häusern zum **Kaiser-Wilhelm-Platz** **4** hinüber, der üppig mit Blumen bepflanzt ist. Das zum Schloss hin stehende Denkmal für Kaiser Wilhelm gab ihm seinen Namen. Der richtige Ort, um inmitten des Geschehens zu sitzen und sich ein wenig mit der Geschichte der Stadt vertraut zu machen: Zum ersten Mal wird Bergedorf im Jahr 1162 als Kirchspiel Bergerdorp urkundlich erwähnt. Es gehörte unter dem Sachsenherzog Heinrich dem Löwen zum Erzbistum Hamburg und wechselte später in die Zuständigkeit des Bistums Ratzeburg. Von 1202 bis 1227 war es Dänemark angegliedert und entwickelte sich zu einem Marktflecken mit besonders guter Lage an einer Handelsstraße. Bereits damals entstand als Vorläuferin des Bergedorfer Schlosses eine Wasserburg. Im Jahr 1227, nach der

Schlacht bei Bornhöved, gelangte das Gebiet unter die Hoheit des Grafen Adolf IV. von Schauenburg. 1275 erhielt Bergedorf die Stadtrechte. Nach Jahren wechselvoller Geschichte gehörte es von 1420 bis 1866 als beiderstädtischer Besitz sowohl zu Hamburg als auch zu Lübeck, blieb aber dennoch eine eigenständige Stadt. Daran änderte sich auch nichts, als Hamburg den Lübeckern ihren Anteil 1868 abkaufte. Erst 1937 mit dem „Groß-Hamburg-Gesetz" wurde Bergedorf eingemeindet und ist seither ein Stadtteil von Hamburg.

Übrigens der einzige mit einem noch erhaltenen Schloss. Bevor wir uns gegen Ende des Stadtspaziergangs den wunderschönen Bau aus der Nähe ansehen, kreuzen wir zuerst die **Bergedorfer Schloßstraße** und laufen über den **Hans-Freese-Weg** durch den **Schlossgarten 5,** der 1926 zu einem Landschaftspark weiterentwickelt und unter Denkmalschutz gestellt wurde. Zwischen Bänken und Bäumen, Spielplatz, Café und Rollschuhbahn hat der Park mit seinen dichten

Schlosspark

Stauden und alten Bäumen etwas Nostalgisches an sich. Das mag am immer wieder anders anmutenden Blick auf das alte Schloss liegen. Ganz bestimmt liegt es aber auch an den kleinen Wegen, dem Wasser und den Villen, die uns auf der anderen Parkseite ihre Giebel entgegenstrecken. Denn dort beginnt das **Bergedorfer Villenviertel 6**, in das man vom Park aus am besten über den Arndtweg und die Chrysanderstraße gelangt. Von der biegt man dann links in die **Ernst-Mantius-Straße** ab, die an den Bürgermeister Ernst Mantius erinnert, in dessen Amtszeit zwischen 1882 und 1897 Bergedorfs Entwicklung zum Industriestandort begann. Eine Verordnung über eine sogenannte landhausmäßige Bebauung schloss die Ansiedlung von Fabriken, Werkstätten und sonstigem Gewerbe ausdrücklich aus. Reiche Hamburger sollten an die Bille gelockt werden. Und was da mit den Jahren entstand, waren immer wieder neue Villen. Kleine und große. Bunte und schlichte. Laufen wir also nun durch die Straßen, um Villenkultur unterschiedlicher Stile zu entdecken.

Villenviertel

Unser Weg durch die Villen führt uns am Ende der **Ernst-Mantius-Straße** ans Wasser am **Schillerufer 7** entlang. Die Grünanlage entstand bereits in den 1920er-Jahren und ist nach dem Dichter Friedrich Schiller (1759–1805) benannt. 2010 wurde sie dann aufwendig erneuert, aber im Stile erhalten. Bäume wurden gepflanzt, ein alter Dahliengarten reaktiviert, die Wege neu gemacht, Beete angelegt und weiße Bänke aufgestellt. Auf ihnen kann man herrlich sitzen und auf die Bille gucken, die sich von ihrer Quelle im Herzogtum Lauenburg über 65 Kilometer bis zur

Hinter dem Schillerufer gibt es nicht nur eine schöne Minigolfanlage, sondern auch einen Bootsverleih, von dem aus man gemütlich die Bille entlangschippern kann (Infos: http://bootshaus-bergedorf.com).

Bergedorfer Mühle

Mündung in der Norderelbe schlängelt und in Bergedorf schon ein stattliches Flüsschen ist.

Am Ende des Schillerufers biegen wir rechts in die **Chrysanderstraße** ein, an deren Beginn gleich die **Bergedorfer Mühle 8** steht. Die wurde 1831 von dem Lohgerber Martin Biehl zum Mahlen von Eichenrinde errichtet und 1880 zu einer Kornmühle umgebaut, danach immer wieder erneuert und um Lagerräume und das Müllerhaus, später auch um ein Maschinenhaus mit Dieselmotor erweitert. Seit 1942 steht das Gebäude unter Denkmalschutz. Die in weiten Teilen funktionstüchtige Einrichtung ist erhalten und kann besichtigt werden. Laufen wir nun die **Chrysanderstraße** weiter hoch, gelangen wir in einen weiteren Teil des alten Villenviertels. Hinter dem Haus mit der Nummer 77 biegen wir am Zebrastreifen rechts ab, laufen den Trampelpfad entlang und biegen dann hinter dem Spielplatz erneut ab, um zwischen den Häusern links wieder auf die **Ernst-Mantius-Straße** zuzugehen. Schräg gegenüber geht es zwischen den Häusern Nummern 24 und 26 erneut einen Trampelpfad entlang, der uns dann zu unserem letzten Programmpunkt führt – endlich: zum **Bergedorfer Schloss 9**, das wir nun rechts über den **Hans-Freese-Weg**, der uns zu einer kleinen Brücke führt, erreichen.

Bergedorfer Mühle

Seit 1955 ist im Schloss das Museum für Bergedorf und die Vierlande *untergebracht, dessen Besuch als Abschluss äußerst empfehlenswert ist.*

„Mittelpunkt des alten Ortes ist das Wasserschloss im schön bepflanzten Park", berichtet Edith Oppens in ihrem Buch „Hamburg" und beschreibt: „Das vielfach umgebaute wehrhafte Gebäude aus rotem Backstein mit den gestuften Giebeln ist zwar zusammengestückelt, wirkt aber trotzdem romantisch und regt die Fantasie an. Die Geschichte dieses Bauwerks reicht bis hinter die Hansezeit zurück (...)." Denn die Wasserburg,

Bergedorfer Schloss

die Graf Albrecht von Orlamünde 1220 mithilfe der Vierländer Bauern zum Schutz der wichtigen Handelsstraße hatte erbauen lassen, wechselte mehrfach den Besitzer und den Zweck. Zuerst Verteidigungsanlage, dann Residenz der Herzöge von Sachsen-Lauenburg und später, als sich Hamburg und Lübeck mit der Stadt auch das Schloss teilten, war sie mal Gerichtsstand, mal Sitz der Polizei. Vom Schloss aus wurde Bergedorf verwaltet, bevor es ab 1920 ein eigenständiges Rathaus und Gerichtsgebäude gab.

Zurück zum Ausgangspunkt geht es jetzt wieder ein Stück den **Hans-Freese-Weg** entlang, dann auf der **Ernst-Mantius-Brücke** über die Bille und dann über die **Ernst-Mantius-Straße** und den Weidenbaumsweg zum Bahnhof.

Freilichtmuseum Rieck Haus

Das RIECK HAUS

In den Vier- und Marschlanden gibt es sogar ein Freilichtmuseum: Das Rieck Haus in Curslack ist eines der ältesten Bauernhäuser Norddeutschlands. Im Inneren kann man sich anschauen, wie die Menschen dort früher gelebt haben. In der Außenanlage gibt es außerdem Schöpfmühle, Getreidespeicher, Schaugarten, Backhaus und einen Schweinekoben.

Freilichtmuseum Rieck Haus, Curslacker Deich 284, 21039 Hamburg, Tel. 040 7 23 12 23

12 WILHELMSBURG

Start/Ziel: S-Bahnhof Wilhelmsburg, 21109 Hamburg
(GPS: 53.497998, 10.006721)
Länge: ca. 3,5 Kilometer
Dauer: ca. 1,5 Stunden
ÖPNV: S-Bahnhof Wilhelmsburg, S-Bahn-Linie S3 und S31
Parken: Inselpark-Parkplätze, Wilhelm-Strauß-Weg 1B, 21109 Hamburg

Unterwegs entdeckt:

1 Behörde für Stadtentwicklung und Umwelt
2 Bauausstellung in der Bauausstellung
3 Wälderhaus
4 Inselpark: Sport und Bewegung
5 Kuckucksteich
6 Inselpark: Natur und Garten

Essen + Trinken:

Nachhaltige Küche mit saisonalen Produkten und kurzen Wegen gibt es im **Restaurant Wilhelms,** im Raphael Hotel Wälderhaus, Am Inselpark 19, 21109 Hamburg, Tel. 040 30 21 56 10 02 (www.raphaelhotelwaelderhaus.de).
Snacks mit Blick auf den Kuckucksteich bietet **Willi Villa,** Im Wilhelmsburger Inselpark, Hauland 81, 21109 Hamburg, Tel. 040 86 68 77 81 (www.willivilla.de).

Insel der Nachhaltigkeit

Eigentlich ist es ja mittlerweile ein ganz schön abgedroschenes Wort. Nachhaltigkeit. Oftmals inflationär genutzt. Und doch: In diesem Fall passt es genau: Was in Hamburg-Wilhelmsburg in den vergangenen Jahren entstanden ist, wirkt nach. Im Viertel. Bei seinen Menschen. Und ganz allgemein mit Blick auf Natur und Umwelt. Ein Spaziergang entlang vieler guter Ideen, die Wirkung zeigen und in die Zukunft weisen.

Schon spannend, wenn man sich die Statistik von Wilhelmsburg anschaut, bevor man diesen Spaziergang macht: Von den rund 54.000 Menschen, die im Stadtteil zwischen den beiden großen Elbarmen Norderelbe und Süderelbe-Köhlbrand leben, liegt der Anteil der Haushalte mit Kindern über dem Hamburger Durchschnitt. Das gilt auch für die Zahl der Menschen unter 25 Jahren. Und das gilt ganz besonders für die Zahl der Wilhelmsburger mit Migrationshintergrund, die bei mehr als 60 Prozent weit über dem Durchschnitt der Hansestadt liegt. Ach ja, auch die Arbeitslosenquote ist hoch. Und die Einkünfte sind niedrig. Dass es nicht immer rosig zugeht in Wilhelmsburg, lassen auch die riesigen Hochhäuser erah-

Behörde für Stadtentwicklung und Umwelt

nen, an denen man auf dem Weg zum Inselpark vorbeikommt. Und irgendwie ja auch die Nähe zum Hafen, zu Schmutz und Lärm. Das alles ändert aber nichts daran, dass Wilhelmsburg immer beliebter wird. Immer mehr gerade junge Menschen wagen den Sprung über die Elbe, ziehen dorthin – und sind begeistert. Von den Menschen. Den Vierteln. Auch von der Natur. Und dem Leben in ihrem Kiez, das sich so echt und ehrlich anfühlt.

Viel passiert ist in Wilhelmsburg obendrein. Und das sehen wir sofort, wenn wir vom S-Bahnhof über die neue, futuristisch anmutende Fußgängerbrücke auf die **Behörde für Stadtentwicklung und Umwelt** 1 zugehen, die farbenprächtig den Aufbruch in Hamburgs Süden repräsentiert. Sie war das größte Hochbauprojekt der **Internationalen Bauausstellung** (IBA), die gemeinsam mit der **Internationalen Gartenschau** (igs) Wilhelmsburg 2013 ins Licht der Öffentlichkeit rückte. Denn beide hatten eben diese Nachhaltigkeit im Blick. Die IBA als siebenjähriges Forschungs- und Entwicklungs-

Bauausstellung

projekt mit dem Leitthema „Die Stadt der Zukunft entwickeln“ und den Fragen: Wie und wo wohnen, arbeiten, lernen und bewegen wir uns in 20 Jahren? Wie reagieren die Städte auf die Folgen des Klimawandels? Und die igs mit dem Fokus auf die Kulturen und Vegetationszonen der Erde. Das fast 200 Meter lange Behördengebäude schlängelt sich am nördlichen Rand des neuen Bereiches entlang und gilt als Vorreiter für Energieeffizienz und Klimafreundlichkeit. Mit einem Primärenergiebedarf von 70 Kilowattstunden je Quadratmeter gehört es zu den sparsamsten Bürogebäuden Deutschlands.

Wir laufen entlang der Behörde durch den parkähnlichen Grünstreifen immer parallel zur **Neuenfelder Straße** und biegen dann links in die Straße **Am Inselpark** ein. Dort sehen wir

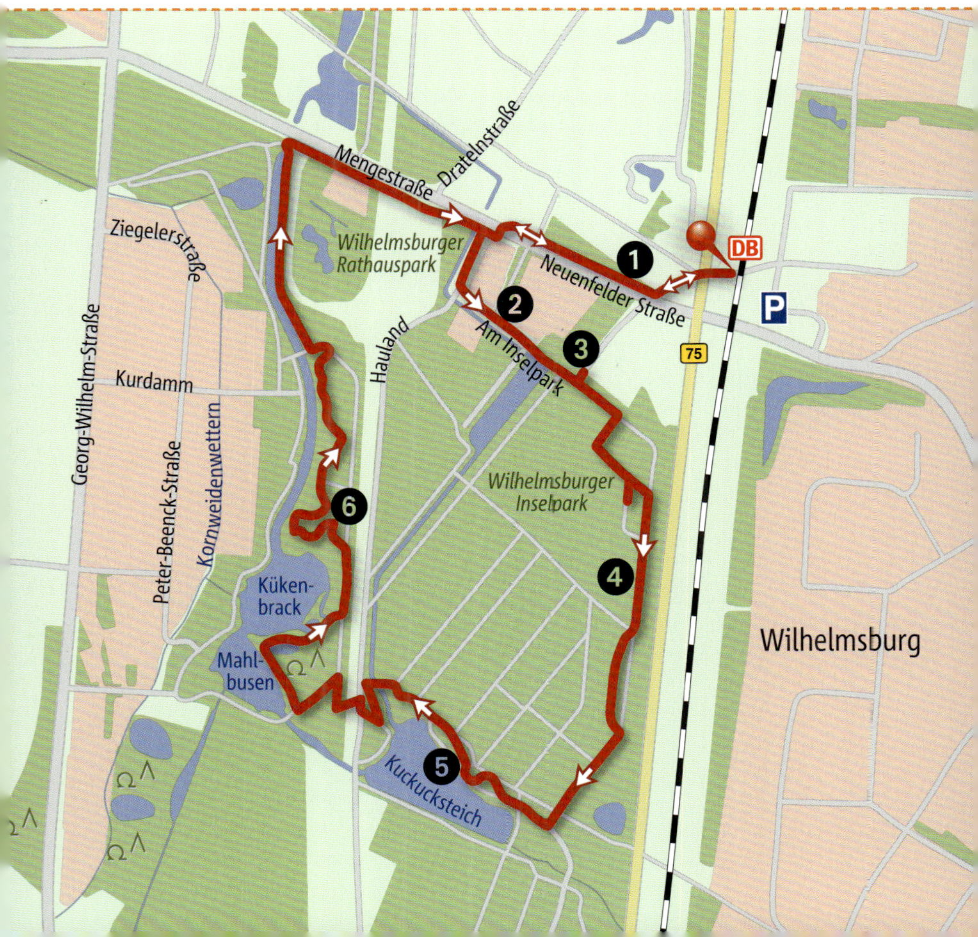

WÄLDER
HAUS
WÄLDER
HAUS
HOTEL
AUSSTELLUNG
TAGUNG
RESTAURANT

Wälderhaus

sofort die ersten Häuser, die auch als **Bauausstellung in der Bauausstellung** 2 bezeichnet werden können, da sie bereits eine große Vielfalt in Sachen nachhaltiges Bauen zeigen und immer wieder den Blick auf neue spannende Architektur lenken. Da ist zum Beispiel das knallgrüne **BIQ**, das weltweit erste Gebäude mit Bioreaktorfassade. Es hat eine eigene **Biohaut,** in der in Glasgefäßen Mikroalgen gezüchtet werden, die zur Energieerzeugung genutzt werden und zugleich das Licht und den Schatten steuern können. Im Innern gibt es außerdem ein **Wohnen on-demand,** was bedeutet, dass die Grundrisse flexibel umgestaltet werden können, sodass man zum Beispiel Wohnen und Arbeiten besser miteinander kombinieren kann. Ebenfalls auf unserem Weg und nicht minder spannend: die **Woodcubes,** die fast vollständig aus **Holz** bestehen. Völlig unbehandelt, ohne Leim, ohne Schutzanstrich. Mit dem Ziel, ein Gebäude zu errichten, das nicht nur vollständig biologisch recyclebar, sondern auch nachhaltiger als jedes herkömmliche Passivhaus ist. Außerdem gibt es WaterHouses, die auf Pfählen in einem von Regenwasser gespeisten Wasserbecken stehen. Oder schlaue Hybrid Houses, die durch veränderbare Räume ganz flexibel auf die sich wandelnden Wünsche ihrer Bewohner reagieren. Zwischen den einzelnen Häusern befinden sich Schilder, die die einzelnen Projekte erklären.

BIQ

Entlang all dieser innovativen Gebäude laufen wir nun direkt auf das **Wälderhaus** 3 zu, das nicht nur ein durch und durch nachhaltig gedachtes Hotel ist, sondern zugleich eine **Dauerausstellung zum Thema Wald** anbietet. In dieser Erlebnisausstellung **Science Center Wald** gibt es auf 650 Quadratmetern rund 80 Stationen rund um das Thema Wald – von seiner ökologischen Funktion über seine kulturelle Be-

Inselpark: Sport und Bewegung

deutung bis hin zu seiner Wichtigkeit für unser Klima (Infos unter www.waelderhaus.de/science-center-wald/).

Das auffallende, weit geschwungene Gebäude mit der schönen Lerchenholzfassade entstand ebenfalls als Projekt der IBA und setzt neue Standards in Sachen Zukunftsfähigkeit – und das sowohl drinnen als auch draußen.

Wer mit Kindern unterwegs ist, findet im Inselpark gleich fünf abenteuerliche und nach Themen erschaffene Spielplätze.

Zugleich ist das **Wälderhaus** für unseren Spaziergang das Ende des Themas nachhaltiges Bauen, denn gleich hinter dem Hotel beginnt rechts der Inselpark. Ein rund 100 Hektar großes Areal, das im Zuge der igs entstanden ist und heute als öffentlicher Park allen Menschen kostenlos rund um die Uhr offen steht. Für unseren Spaziergang gliedern wir ihn in zwei Abschnitte und beginnen mit dem ersten Thema, dem Wegstück **Inselpark: Sport und Bewegung 4**, bei dem ein ganz anderer Nachhaltigkeitsaspekt deutlich wird: dass man nämlich den Menschen in Wilhelmsburg und den Besuchern des Stadtteils durch die igs Orte geschaffen hat, an denen sie sich gesund und fit halten können, an denen sie Spaß haben und als Familien den Park genießen können.

Gleich zu Beginn gibt es eine Basketballhalle, ein Schwimmbad und die Nordwandhalle, die mit ihren mehr als 300 Kletterrouten drinnen und draußen ein wahres Klettereldorado ist. Gleich dahinter folgen ein Skatepark, der Hochseilgarten HanseRock und ein erster von zahlreichen Themenspielplätzen im Park.

In der Nordwandhalle gibt es 4500 Quadratmeter Kletterfläche.

Hinter dem Hochseilgarten gehen wir vor der Freilichtbühne rechts in den Park hinein und laufen dabei automatisch auf den **Kuckucksteich** **5** zu. Dort kann man nicht nur auf breiten Holzstegen in der Sonne liegen und aufs Wasser schauen. Am Kuckucksteich startet auch ein Rundkurs, der die Biergärten **Willi Villa,** wo man sich auch Kanus ausleihen kann, und den am Vogelhüttendeich gelegenen Biergarten **Zum Anleger** auf einer rund drei Kilometer langen Kanutour miteinander verbindet. So sieht man auf der etwa 40 Minuten dauernden Fahrt nicht nur eine Menge vom Inselpark, sondern entdeckt ein noch viel größeres Stück Wilhelmsburg – dann eben vom Wasser aus. Und wer keine Lust aufs Kanu hat, kann einfach am Kuckucksteich bleiben, einen Kaffee genießen und dann weitergehen. Gleich

Kuckucksteich

Inselpark: Natur und Garten

nebenan kann man sogar selbst gärtnern: Der Heimatgarten wird von Bürgerinnen und Bürgern gepflegt, was die kulturelle Vielfalt widerspiegeln soll. Ernten darf man natürlich auch.

Damit sind wir gleich im letzten Bereich unserer Rundtour, dem **Inselpark: Natur und Garten 6,** der insofern für Nachhaltigkeit steht, als dass er den Besuchern des Parks das Thema Natur auf unterschiedliche Weise näherbringt. So laufen wir am **Kuckucksteich** vorbei, immer so, dass wir links das Wasser und rechts den Blick auf niedliche Kleingärten haben, die Teile des Inselparks umschließen. Da, wo es rechts in den 300 Meter langen Rosenboulevard mit mehr als 200 verschiedenen Rosenarten abgeht, gehen wir links über die Brücke, kreuzen **Hauland** und **Kükenbracksweg** und laufen dann auf den See Mahlbusen zu, an dem wir rechts entlanggehen, um in ein kleines, von Wasser durchzogenes Waldstück zu gelangen. Ganz idyllisch. Als ob man irgendwo weit abseits der Stadt wäre. Auf der anderen Seite des Wäldchens liegt das **Kükenbrack,** wieder so ein kleiner See. Dahinter kommen wir zum Geysir-Felsen. Eine nach dem Wald ganz rau wirkende Felsformation, aus der ab und an Wasser spritzt. Denn unter Geysir – benannt nach dem Großen Geysir auf Island – versteht man eigentlich eine heiße Quelle, die ihr Wasser als Fontäne ausstößt.

Vom Geysir aus laufen wir weiter, immer parallel zum **Rathauswettern,** einem Bach, der sich durch den Inselpark schlängelt. Auf dem Weg sehen wir auf der anderen Uferseite das schneeweiße Gebäude des alten **Wasserwerks,** auf dem es jetzt einen kulinarischen Campus mit Brauerei, Café und wechselnden Events in der Maschinenhalle gibt. Dort, wo der Inselpark endet, laufen wir weiter durch den Wilhelmsburger Rathauspark und treffen dann wieder auf die **Mengestraße,** die wir rechts entlanggehen, bis sie wieder zur **Neuenfelder Straße** wird, die uns zurück zu unserem Ausgangspunkt bringt.

Energiebunker WILHELMSBURG

Ganz in der Nähe des Inselparks, nur acht Minuten mit dem Auto oder eine gute halbe Stunde Fußweg entfernt, liegt ein weiterer Ort der Nachhaltigkeit: der Energiebunker. Der ehemalige Flakbunker ist heute ein Öko-Kraftwerk, in dem erneuerbare Energien produziert werden. Außerdem gibt es in 30 Meter Höhe eine Aussichtsplattform mit einer faszinierenden Aussicht auf die Elbinsel und den Hafen.

IMPRESSUM BILDNACHWEIS

Die Deutsche Nationalbibliothek verzeichnet diese Publikation in der Deutschen Nationalbibliografie; detaillierte bibliografische Daten sind im Internet über http://dnb.d-nb.de abrufbar.

2. Auflage 2021
Konzeption/Gestaltung/Satz: Droste Verlag, Düsseldorf
Einbandgestaltung und Illustrationen: Britta Rungwerth, Düsseldorf
Fotos: Tanja Breukelchen, außer:
S. 8, 10, 11, 12, 13, 14, 15, 16, 17, 18, 19, 20, 23, 27, 28, 29, 30, 31, 32, 34, 35, 92, 93, 96, 98, 107: Moritz Marzi
Karten: Thorsten David, Bochum
Druck und Bindung: LUC GmbH, Greven
ISBN 978-3-7700-2183-3

MIX
Papier aus verantwortungsvollen Quellen
FSC® C011279
www.fsc.org

ISBN 978-3-7700-2039-3
www.droste-verlag.de